AF177518

Espaces littéraires

L'échange

Roland Fuentès

Cornelsen

Espaces littéraires | L'échange
Roland Fuentès

Herausgeber: Otto-Michael Blume
Vokabelannotationen und Aufgaben: Julia Berns
Verlagsredaktion: Sandra Brandstetter
Umschlaggestaltung: werkstatt für gebrauchsgrafik, Berlin
Layout und technische Umsetzung: Annika Preyhs für Buchgestaltung+

Umschlagfoto: Corbis: © George Diebold

Quellenverzeichnis:
Fotos: © Roland Fuentès, S. 120.
Illustrationen: © Robert Hanson, S. 102 – www.asterix.com © 2011 Les Éditions
Albert-René / Goscinny-Uderzo, S. 103.
Texte: © 2007 by Syros, Paris-France, Édition originale: L'échange (Roland
Fuentès), © Ambassade de France en Allemagne, www.botschaft-frankreich.de,
S. 104–105, S. 106 – © Charles de Gaulle, Château de Ludwigsburg, 9 septembre
1962, www.charles-de-gaulle.org, S. 107–108 – © L'Express.fr, le 16/01/2003,
S. 110–113 – © Ipsos France, Sondage effectué pour: Arte et Le Figaro, S. 115–117.
Statistiken: © Ipsos France, Sondage effectué pour: Arte et Le Figaro, S. 115–117.

Verwendete Abkürzungen

adj.	adjectif	litt.	littéraire	pl.	pluriel	jmd	jemand
adv.	adverbe	loc.	locution	qc	quelque chose	jdm	jemandem
f.	féminin	m.	masculin	qn	quelqu'un	jdn	jemanden
fam.	familier	péj.	péjoratif	vulg.	vulgaire	etw.	etwas

www.cornelsen.de

1. Auflage, 4. Druck 2024

Alle Drucke dieser Auflage sind inhaltlich unverändert und können im Unterricht
nebeneinander verwendet werden.

© 2011 Cornelsen Verlag, Berlin
© 2018 Cornelsen Verlag GmbH, Berlin

Das Werk und seine Teile sind urheberrechtlich geschützt.
Jede Nutzung in anderen als den gesetzlich zugelassenen Fällen bedarf der
vorherigen schriftlichen Einwilligung des Verlages. Hinweis zu §§ 60a, 60b UrhG:
Weder das Werk noch seine Teile dürfen ohne eine solche Einwilligung an
Schulen oder in Unterrichts- und Lehrmedien (§ 60b Abs. 3 UrhG) vervielfältigt,
insbesondere kopiert oder eingescannt, verbreitet oder in ein Netzwerk eingestellt
oder sonst öffentlich zugänglich gemacht oder wiedergegeben werden. Dies gilt
auch für Intranets von Schulen und anderen Bildungseinrichtungen.

Druck: Esser printSolutions GmbH, Bretten

ISBN 978-3-06-020686-5

PEFC-zertifiziert
Dieses Produkt
stammt aus
nachhaltig
bewirtschafteten
Wäldern und
kontrollierten Quellen
PEFC/04-31-2851   www.pefc.de

L'échange

Annexe

À la famille Roos

Chapitre 1

Je sors avec la fille la plus odieuse[1] du collège. Elle s'appelle Maroussia, elle est en quatrième D, elle a des ongles[2] très longs et très durs. Maroussia peut me griffer[3] jusqu'au sang lorsqu'elle s'estime négligée[4]. Elle ne supporte pas ma distraction[5] maladive[6].

Maman me dit souvent : « Maxime, tu oublies comme tu respires ! » et elle a raison. En matière d'oubli, j'ai déjà tout fait à Maroussia : nouvelle année, fête, anniversaire, et même Saint-Valentin.

J'aimerais qu'elle comprenne que ces trucs-là ne signifient rien de bien sérieux. La Saint-Valentin, c'est une religion, avec ses fanatiques persécutant[7] ceux qui comme moi ne savent jamais la date du jour. Personnellement, je suis contre. Ou alors il faudrait qu'elle dure trois cent soixante-cinq jours.

Maroussia me traite de mollusque[8], de ver de terre[9] immonde[10] lorsque, pour me faire pardonner un oubli, je nettoie ses chaussures laquées avec mon mouchoir. Elle me martyrise[11]. Mais c'est la fille la plus belle que j'aie jamais vue. Le soir en m'endormant je pense très fort à elle. Son

---

1   odieux/-euse *adj.*: unausstehlich
2   l'ongle *m.*: Fingernagel
3   griffer: kratzen
4   négliger: vernachlässigen
5   la distraction: Zerstreutheit
6   maladif/-ive *adj.*: krankhaft
7   persécuter: verfolgen
8   le mollusque: Weichtier
9   le ver de terre: Regenwurm
10   immonde *m./f. adj.*: ekelhaft, widerwärtig
11   martyriser: quälen

visage me sourit comme jamais il ne m'a souri en vrai, et je demande à la nuit de durer toujours, pour que Maroussia reste là, penchée[1] sur moi, silencieuse et attendrie[2].

En réalité, rien n'attendrit[3] Maroussia, c'est bien le problème. Ni les excuses, ni les bonbons, ni les bisous : si elle décide de me châtier[4] pour ma négligence[5], elle peut battre des records de cruauté[6]. M'humilier[7] devant les autres quatrièmes en criant à tue-tête[8] que je suis un âne bâté[9], un sale petit cochon d'Inde[10]. Me compromettre[11] aux yeux des profs en leur racontant que je vole dans les cartables, que je pisse dans les lavabos, que j'espionne les filles aux toilettes. Maroussia ne recule[12] devant rien pour me rendre malheureux.

Je n'ai jamais su pourquoi elle a jeté son dévolu[13] sur moi. Elle m'est tombée dessus comme une fatalité[14]. C'était un soir, à la sortie du collège. Elle m'a empoigné[15] par le col du blouson, m'a attiré tout contre elle et elle a dit :

— Embrasse-moi !

Comme je n'avais pas le choix et que je n'avais jamais reçu un ordre aussi appétissant[16], j'ai obéi[17].

Depuis, on est ensemble. Pour le meilleur et pour le pire.

1   être penché/e sur qn/qc: sich über jdn/etw. beugen
2   attendri/e *adj.*: gerührt
3   attendrir: → attendri/e *adj.*
4   châtier: punir
5   la négligence: → négliger
6   la cruauté: Grausamkeit
7   humilier: demütigen
8   crier à tue-tête: *loc.* crier d'une voix très forte
9   l'âne bâté *m.*: l'idiot *m.*, l'imbécile *m.*
10 le cochon d'Inde: Meerschweinchen
11 compromettre qn: jdn bloßstellen
12 ne reculer devant rien: vor nichts zurückschrecken
13 jeter son dévolu sur qn/qc: ein Auge auf jdn/etw. werfen
14 la fatalité: le destin
15 empoigner qn: jdn packen
16 appétissant/e *adj.*: verlockend
17 obéir: gehorchen

Sujets d'étude

A. Pendant la lecture

1. Indiquez ce qu'on apprend sur les deux personnages principaux.
2. Examinez la relation entre Maxime (= le narrateur) et Maroussia.
3. Comparez la réalité de cette relation au rêve du narrateur (p. 5, l. 16 – p. 6, l. 21).

B. Après la lecture

1. Expliquez ce qui caractérise – selon vous – une bonne relation amoureuse.
2. Comparez votre conception d'une bonne relation à celle du narrateur et de Maroussia.
3. «La Saint-Valentin, c'est une religion, avec ses fanatiques persécutant ceux qui comme moi ne savent jamais la date du jour.» (p. 5, l. 11–13) Partagez-vous l'opinion du narrateur? Justifiez votre réponse.

Chapitre 2

C'est difficile d'être le copain de Maroussia. Mes camarades de quatrième A me plaignent[1]. Ils ne ricanent[2] pas lorsque je réponds faux en maths, ils me laissent toujours passer devant à la cantine et me défendent quand un adulte peste[3] sur ma distraction. Je suis un peu la pauvre bête de service[4]. 5

Heureusement, Maroussia m'autorise à la contempler[5] tant que je veux. Elle dit :

— Au moins, quand tu me regardes, tu ne regardes personne d'autre !

C'est une jalouse de premier ordre, une inquiète[6] 10 professionnelle. Depuis que je suis inscrit au voyage en Allemagne, elle me mène la vie encore plus rude[7] qu'avant. Elle qualifie mon départ de haute trahison[8], alors que c'est monsieur Pedroletti, notre prof d'allemand, qui recommande cet échange aux germanistes[9]. Monsieur 15 Pedroletti (Pedro pour les intimes[10]) prétend[11] qu'on ne peut pas apprendre une langue vivante entre quatre murs ; il faut « l'écouter vivre dans son milieu naturel ».

➤ *voir Sujets d'étude A1, p. 11*

---

1 plaindre qn: jdn bedauern
2 ricaner: rire
3 pester: exprimer sa colère
4 la pauvre bête de service: qn qui a toujours le rôle de l'idiot *m.*
5 contempler: regarder
6 inquiet/-iète *adj.*: besorgt
7 rude *m./f. adj.*: difficile *m./f. adj.*
8 la trahison: Verrat
9 le/la germaniste: *ici* un/e élève qui apprend l'allemand *m.*
10 l'intime *m./f.*: le/la bon/ne ami/e
11 prétendre: *ici* dire

Pedro emploie[1] toujours des formules poético-philosophico-loufoques[2]. Il utilise un vocabulaire très imagé[3], même pour nous expliquer la grammaire. C'est le seul prof d'allemand qui ait réussi à nous rendre les déclinaisons supportables[4]. À nous les faire adorer, peut-être pas, mais enfin, on les considère presque comme des bonnes copines.

Maroussia n'est pas germaniste. Elle dit que, me connaissant, il n'y a rien de surprenant[5] à ce que j'étudie cette langue barbare. Elle se demande pourquoi le ciel lui a imposé[6] un copain aussi grossier[7] que moi. Son esprit est rempli[8] de clichés. Maroussia les déforme, les amplifie[9], les multiplie. Elle pourrait tapisser[10] les murs du collège avec des clichés.

Elle trouve louche[11] que monsieur Pedroletti enseigne l'allemand. J'ai beau[12] répondre que les gens qui portent un nom italien ne sont pas tous profs d'italien (certains sont boulangers, d'autres médecins, charcutiers, employés de banque... ou profs d'allemand), Maroussia n'en démord[13] pas : ce voyage lui paraît suspect.

Elle pense que je veux la fuir[14]. À plusieurs reprises[15] ces derniers jours, juste après m'avoir tyrannisé, elle s'est

---

1   employer: utiliser
2   loufoque *m./f. adj.*: extravagant/e, bizarre *m./f. adj.*
3   imagé/e *adj.*: plein/e d'images *f. pl.* / de métaphores
4   supportable *m./f. adj.*: erträglich
5   surprenant/e *adj.*: → la surprise
6   imposer qc à qn: jdm etw. auferlegen
7   grossier/-ière *adj.*: barbare *m./f. adj.*
8   rempli/e de qc *adj.*: plein/e de qc *adj.*
9   amplifier: agrandir
10   tapisser: tapezieren
11   louche *m./f. adj.*: fragwürdig, dubios
12   avoir beau faire qc: etw. vergeblich tun
13   ne pas démordre de qc: sich nicht von etw. abbringen lassen
14   fuir qn: vor jdm fliehen, jdn meiden
15   à plusieurs reprises: plusieurs fois

pendue à mon cou et m'a souri presque aussi tendrement[1] que dans mes rêves.

— T'en as marre de moi[2] ! Tu me trouves violente, je te fais peur !

Je ne sais que répondre parce que tout ça est bien vrai. Au début, il me fallait prendre sur moi[3] pour supporter les humeurs[4] de Maroussia. Je crois que je l'aurais laissée tomber si je ne la savais pas malheureuse. Sa mère est partie quand elle avait cinq ans et elle ne l'a jamais revue. Depuis, Maroussia vit seule avec son père, un brave homme triste comme une pierre.

Je sais que, sous chaque colère, sous chaque griffure[5] de Maroussia, se dissimule[6] une blessure. Je sais aussi que je ne la guérirai[7] jamais. Tout ce que je peux faire, c'est atténuer[8] sa douleur. Quand Maroussia n'a plus la force de me faire mal, quand elle n'a même plus la force de pleurer, elle se pelotonne[9] contre moi et je sens son souffle chaud sur ma poitrine. J'en profite bien parce que ces îlots[10] de tendresse sont rares ; il me faudra encore endurer[11] des tempêtes avant d'atteindre[12] le prochain.

---

1   tendrement *adv.*: zärtlich
2   en avoir marre de qn: *fam.* en avoir assez de qn
3   prendre qc sur soi: *loc.* etw. auf sich nehmen
4   l'humeur *f.*: Laune
5   la griffure: → griffer
6   se dissimuler: se cacher
7   guérir qn: jdn heilen
8   atténuer: rendre qc supportable
9   se pelotonner contre qn: sich an jdn kuscheln
10   l'îlot *m.*: petite île
11   endurer: ertragen, aushalten
12   atteindre: erreichen

Sujets d'étude

A. Pendant la lecture

1. «[…] on ne peut pas apprendre une langue vivante entre quatre murs; il faut ‹l'écouter vivre dans son milieu naturel›.» (p. 8, l. 16–18). Expliquez et discutez cette phrase.
2. Caractérisez Maroussia.
3. Analysez les raisons pour lesquelles Maroussia n'apprécie pas le voyage de Maxime en Allemagne.

B. Après la lecture

1. Parlez des raisons poussant à participer à un échange scolaire.
2. Maxime veut s'inscrire au voyage en Allemagne et il en parle à Maroussia. Maroussia est contre ce voyage. Travaillez à deux. Trouvez des arguments de Maxime pour et des arguments de Maroussia contre le voyage. Puis écrivez et jouez le dialogue.
3. Qu'est-ce qui est typique d'un Allemand? Qu'est-ce qui est typique d'un Français? Trouvez des stéréotypes réciproques (→ voir Annexes, p. 102–103).

Chapitre 3

Le mois dernier, Pedro nous a attribué[1] nos correspondants. Chacun a reçu une fiche mentionnant la taille du sien, son âge, ses hobbies, le métier de ses parents, le nombre de ses frères et sœurs. Il y avait aussi sa photo. Tarvier a lâché une remarque intelligente à propos de la correspondante de 5 Poméline (une histoire de « grosse vache », si je me souviens bien).

Réaction de Pedro :

— Imagine-toi, ami Tarvier, qu'en ce moment même, de l'autre côté du Rhin[2], vos correspondants découvrent vos 10 photos. La bêtise étant universelle, il n'y a aucune raison pour que ce genre de remarque ne leur échappe[3] pas. Reste à savoir lequel d'entre vous sera leur vache...

Tarvier possède[4] une haute opinion de sa petite personne. Il s'est rengorgé[5] en déclarant qu'il ne courait 15 aucun risque. N'empêche : il ne l'a plus ramenée[6] jusqu'à la fin du cours.

Mon correspondant s'appelle Tilo. Il a quatorze ans. Sur la photo, il porte l'uniforme hardos[7] : cheveux longs, blouson noir clouté[8] ; mais, à l'inverse des hardos, qui sur les photos 20 d'identité fixent l'objectif comme s'ils allaient le mordre[9], il

1   attribuer: zuteilen
2   le Rhin: Rhein
3   échapper: *ici* dire
4   posséder: avoir
5   se rengorger: sich brüsten, prahlen
6   la ramener: *fam. hier* eine Show abziehen, angeben
7   le hardos: amateur de musique hard rock
8   clouté/e *adj.*: mit Nieten besetzt
9   mordre: beißen

fait un clin d'œil (un clin d'œil un peu loupé[1] parce que le flash s'est déclenché avant que sa paupière[2] droite ne soit complètement fermée...).

Mélicand, plongé dans le dépiautage[3] de sa fiche, a
5 demandé ce que signifiait *sportlich*. Réponse de Pedro :

— Ami Mélicand, si tu m'as écouté depuis le début de l'année, tu m'auras entendu dire que lorsqu'un mot se termine par « -ich », c'est un adjectif, non ?

— Oui, monsieur.

10 — Bien. Alors regarde ton mot de plus près : que reste-t-il si on enlève la terminaison ?

— Euh... « sport- », monsieur.

— Soit. Maintenant, que rajouterais-tu à « sport- » pour obtenir un adjectif en français ?

15 — Euh... « -if », monsieur. « Sportif ». Il est sportif !

Mélicand n'en revenait[4] pas. Ses yeux brillaient ; pour un peu, il aurait tapé dans ses mains. Chaque fois que Pedro l'incite à trouver seul, Mélicand s'en émerveille[5]. Il prend le prof pour un magicien qui fait apparaître des choses
20 invisibles au commun des mortels[6].

➤➤ *voir Sujets d'étude A2 et A3, p. 15*

La fiche de Tilo mentionne qu'il a une petite sœur de huit ans, Mickie. Ils habitent dans un village à huit kilomètres du collège ; il est indiqué que nous ferons le trajet en vélo.

Pedro répète souvent – c'est son métier de répéter –
25 qu'en Allemagne les pistes cyclables sont nombreuses car les Allemands sont « branchés écologie[7] ».

---

1 louper: verpatzen, vermasseln
2 la paupière: Augenlid
3 le dépiautage: *ici* la lecture
4 n'en pas revenir de qc: *fam.* etw. nicht fassen können
5 s'émerveiller de qc: über etw. entzückt sein
6 le commun de mortels: die Normalsterblichen
7 être branché/e écologie: *fam.* auf Öko abfahren

Pedro emploie des mots un peu « relâchés[1] » ; certains parents d'élèves lui en font le reproche. Ils disent qu'un enseignant doit montrer l'exemple. Pedro répond que le linguiste ici, c'est lui, et que s'ils veulent enseigner à leurs têtes blondes[2] le français du XIXe siècle, nul ne le leur 5 interdit. Lui, il parle aux élèves la langue de notre époque. En allemand comme en français.

Pedro mesure un mètre quatre-vingt-douze et il a un sérieux tour de biceps. Il est rare que les parents d'élèves prolongent la discussion lorsqu'ils ne sont pas d'accord avec 10 lui.

➺ voir Sujets d'étude A3 et B1, p. 15

Le père de Tilo est artisan[3]. Il fabrique des jouets[4] en bois. Pedro me l'a traduit, avec la mine réjouie d'un gamin[5] qui aurait reçu une réponse du papa Noël.

Tarvier m'a tiré par la manche[6] : 15

— Hé, Roussin, on lui piquera[7] des jouets pour les refourguer[8] à ma voisine : une tarée[9] qui collectionne les jouets en bois. Y en a de partout dans son appart, elle dépense des fortunes[10] pour ça. On peut se faire pas mal de blé[11] ! 20

Tarvier, c'est un premier de la classe qui se fuit. Honteux[12] d'obtenir partout les meilleures notes, il déploie beaucoup

---

1   relâché/e *adj.*: locker, nachlässig
2   la tête blonde: *ici* l'enfant *m./f.*
3   l'artisan *m.*: Handwerker
4   le jouet: Spielzeug
5   le gamin: *fam.* l'enfant *m./f.*
6   la manche: Ärmel
7   piquer: *fam.* voler
8   refourguer: *fam.* vendre
9   le/la taré/e: le fou/la folle
10   la fortune: beaucoup d'argent *m.*
11   le blé: *fam.* l'argent *m.*
12   honteux/-euse *adj.*: → avoir honte

d'énergie à se composer une image de parfait sagouin[1]. Toujours à l'affût[2] de la bêtise, Tarvier, seul ou accompagné de Mélicand, trimballe[3] sa panoplie[4] d'affreux Jojo[5] entre les cours.

5   C'est un sacré politicard[6], qui se met les profs dans une poche avec ses notes et les élèves dans l'autre avec sa grande gueule[7].

➺ *voir Sujets d'étude A1 et B2, p. 15*

Sujets d'étude

A. Pendant la lecture

1. Faites un portrait de la famille d'accueil de Maxime.
2. Expliquez pourquoi Mélicand considère son professeur comme un «magicien» (p. 13, l. 19).
3. Précisez en quoi consiste le principe du cours de Pedro (p. 13, l. 24 – p. 14, l. 7).

B. Après la lecture

1. Les Allemands sont «branchés écologie» (p. 13, l. 26). Partagez-vous cette opinion? Justifiez votre réponse en donnant des exemples.
2. Rédigez une fiche pour vous présenter à votre correspondant/e fictif/ive.

---

1   le/la sagouin/e: *fam. péj.* Ferkel, Schwein
2   être à l'affût *m.* de qc: auf der Lauer nach etw. liegen
3   trimballer: *fam.* porter, mener
4   la panoplie: la collection
5   un affreux jojo: ein übler Bursche
6   le politicard: Politprofi
7   la grande gueule: *fam.* die große Klappe

Chapitre 4

Hier, après la classe, Maroussia m'a pris la main et elle m'a entraîné dans le petit bois[1] qui borde[2] le collège. C'est ici que les couples déambulent[3], d'un pas lent et silencieux, en échangeant des promesses d'amour éternel.

Je restais sur mes gardes[4] parce que ça ne lui ressem- 5
blait pas de me proposer une promenade à cet endroit. J'aurais préféré qu'elle m'insulte[5], qu'elle me griffe, qu'elle me tire les cheveux. Au lieu de ça, elle a ouvert son sac et elle en a sorti une coupure[6] de magazine. Un article présentant le documentaire de la veille[7] sur le château de Neu- 10
schwanstein. Pedro nous avait recommandé ce documentaire, Neuschwanstein constituant l'une de nos excursions durant le séjour en Allemagne. Fidèle[8] à moi-même, j'avais complètement oublié d'allumer la télé et je m'étais flanqué[9] au lit de bonne heure avec une BD. 15

Maroussia m'a collé l'illustration sous le nez. Un château blanc, ceint[10] de hautes tours effilées[11], se dressait au milieu

---

1 le bois: la petite forêt
2 border qc: se trouver à côté de qc
3 déambuler: se promener
4 rester sur ses gardes: auf der Hut sein
5 insulter: beleidigen, beschimpfen
6 la coupure: un article coupé d'un journal/d'un magazine
7 la veille: le jour précédent
8 fidèle *m./f. adj.*: treu
9 se flanquer: sich schmeißen
10 ceint/e de *adj.*: entouré/e de *adj.*
11 effilé/e *adj.*: schmal

d'un paysage de montagnes féeriques[1]. Pour un peu, on aurait vu Blanche-Neige[2] penchée en haut des créneaux[3].

— Regarde bien ce château. C'est là que tu iras chercher la preuve de ton amour : dans la chambre du roi, à la tête de son lit, se trouve un coussin[4] en soie tissé[5] de fils d'or. Si tu ne me le rapportes pas, tu n'entendras plus jamais parler de moi.

En achevant[6] sa phrase, Maroussia m'a planté son regard en plein milieu du front. Durant une fraction de seconde, j'ai senti une vrille[7] perforer mon crâne. Puis elle a relâché la pression, elle a rangé le petit bout de magazine télé dans sa poche et elle m'a pris la main.

➺ *voir Sujets d'étude A1 et A2, p. 18*

On a recommencé à marcher. Lentement. En silence. J'ai pensé qu'en nous voyant comme ça on pouvait nous prendre pour des amoureux tout à fait ordinaires. Et là, le ridicule de la situation m'a sauté aux yeux : je me promenais pour la première fois avec Maroussia dans le bois des amoureux et, afin que ce ne soit pas la dernière, je devais m'acquitter[8] d'une mission grotesque en allant dérober[9] ce coussin certainement très moche dans un château on ne peut plus kitsch[10] au fin fond[11] de la Bavière[12]...

➺ *voir Sujets d'étude B1, p. 18*

1	féerique *m./f. adj.*: märchenhaft
2	Blanche-Neige: Schneewittchen
3	le créneau: Zinne
4	le coussin: Kissen
5	tisser: weben
6	achever: terminer
7	la vrille: Schraube
8	s'acquitter de qc: etw. erfüllen
9	dérober: voler
10	on ne peut plus kitsch: äußerst/überaus kitschig
11	au fin fond de qc: im hintersten Winkel von etw.
12	la Bavière: Bayern

Sujets d'étude

A. Pendant la lecture

1. Exposez en quoi consiste la preuve d'amour que Maroussia exige du narrateur.
2. Qu'est-ce que vous auriez répondu à la place de Maxime? Rédigez une réponse.

B. Après la lecture

1. Est-ce qu'on peut prouver son amour? Discutez.

Chapitre 5

On n'était pas beaux à voir, ce matin, en montant dans le car. Il nous tardait[1] de lâcher un peu les parents et, en même temps, on les quittait pas des yeux parce que, pour la plupart d'entre nous, c'était la première fois qu'on partait
5 seuls à l'étranger.

Les adultes ne semblaient pas au mieux de leur forme, eux non plus. Certains agitaient la main en riant aux éclats[2] pour masquer leur anxiété[3]. D'autres affichaient un air résigné, le regard vague, les lèvres molles[4]. La mère de
10 Tarvier pleurait à chaudes larmes. Elle a trottiné[5] longtemps après le car[6] en agitant[7] son mouchoir, comme les seconds rôles féminins dans les westerns quand le héros s'éloigne, seul, pour affronter son destin[8]. Sauf que Tarvier, ça lui plaisait pas autant qu'un western de voir sa mère se donner
15 en spectacle.

Maroussia n'assistait pas au départ, elle avait cours. Peut-être qu'elle me regardait depuis la fenêtre de sa classe, espérant un geste, un baiser lâché dans le vent. Je n'ai pas levé la tête.
20 J'ai pensé que ça lui ferait de la peine, que je la perdrais sans doute à cause de ça.

---

1 il tarde à qn de faire qc: jmd kann es kaum erwarten etw. zu tun
2 rire aux éclats: rire très fort
3 l'anxiété *f.*: la peur
4 mou/mol/le *adj.*: weich
5 trottiner: *ici* courir
6 le car: Reisebus
7 agiter qc: *hier* mit etw. winken
8 le destin: Schicksal

Dans le car, l'ambiance était survoltée[1]. On avait l'impression que ces heures étaient les dernières à passer ensemble ; le pressentiment[2] qu'après rien ne serait plus pareil.

Lors de[3] la réunion d'information, Pedro n'avait caché à personne que l'arrivée dans une famille étrangère est un moment difficile. Un frisson[4] avait parcouru les rangs. Nos parents arboraient[5] des sourires qui se voulaient apaisants[6] mais, au fond de leurs yeux, une petite lueur[7] inquiète tremblotait[8].

Pedro avait essayé de rassurer tout le monde :

— N'en faites pas une montagne : on s'habitue vite... en principe.

Nul ne[9] savait comment interpréter ses deux derniers mots. Pedro ironise en permanence. En cours, il peut nous mener en bateau[10], très loin, très longtemps, avant d'éclater de rire devant nos mines décontenancées[11]. Sûr, on progresse en ironie, mais il y a toujours des moments où on cale[12], incapables de choisir le degré approprié à ses plaisanteries. On reste là, devant lui, la bouche à moitié ouverte, les yeux comme deux ronds de flan[13]. Quand il s'en aperçoit[14], il dit :

---

1   survolté/e *adj.*: geladen
2   le pressentiment: Vorahnung
3   lors de qc: bei etw.
4   le frisson: Zittern
5   arborer: montrer
6   apaisant/e *adj.*: beruhigend
7   la lueur: la lumière faible
8   trembloter: trembler
9   nul ne: personne ne
10   mener qn en bateau: *fam.* jdn auf den Arm nehmen
11   décontenancé/e *adj.*: fassungslos
12   caler: *fam.* ne plus pouvoir continuer
13   être comme deux ronds de flan: *fam.* être étonné/e, stupéfait/e *adj.*
14   s'apercevoir de qc: remarquer qc

— C'est pas grave. Oubliez...

Et il recolle[1] à son cours.

Je crois que, sans le vouloir, Pedro a fait des ravages[2] dans nos têtes avec son « ... en principe ». Surtout avec les
5 points de suspension, qui ont résonné comme les trois coups d'une tragédie[3].

Et si le séjour se transformait en calvaire[4] ?

Et si les parents de notre correspondant nous battaient ?

Et si nous tombions chez des ivrognes[5] ?
10 Ou chez des sadiques ?

➻ voir Sujets d'étude A2 et A3, p. 27

Le car avait atteint l'autoroute et sa vitesse de croisière[6]. On s'accrochait à Pedro comme à une bouée[7]. On se levait, bien que ce soit interdit, pour aller lui poser des questions. N'importe quelles questions. Juste pour voir si c'était le
15 même Pedro que d'habitude. On voulait vérifier qu'il ne s'était pas transformé en Roi des Aulnes[8], ce personnage qui hante[9] les profondes forêts allemandes et emporte à tout jamais les enfants dans son royaume.

L'idée du séjour m'oppressait[10]. Ce n'était pourtant pas la
20 première fois que je quittais mes parents. Il y avait autre chose. Une angoisse[11] sourde[12], qui me serrait le cœur. Toute la nuit, des cauchemars m'avaient agité ; à plusieurs

1 recoller à qc: *ici* revenir à qc, recommencer qc
2 le ravage: l'effet *m.* négatif
3 les trois coups d'une tragédie: le début d'une tragédie
4 le calvaire: Martyrium
5 l'ivrogne *m./f.*: personne qui boit trop d'alcool *m.*
6 la croisière: *ici* le voyage
7 la bouée: Boje, Rettungsring
8 le Roi des Aulnes: Erlkönig
9 hanter qc: in etw. spuken
10 oppresser qn: rendre qn triste *m./f. adj.*
11 l'angoisse *f.*: la peur
12 sourd/e *adj.*: *hier* dumpf, unbestimmt

reprises je m'étais retrouvé assis sur mon lit, en sueur, le cœur battant la chamade[1]. Cette histoire de coussin me tarabustait[2]. Qu'est-ce qui lui passait encore par la tête, à Maroussia ? Voler un coussin royal... Et pourquoi pas un lavabo avec des robinets en or, ou la baignoire[3] de Cléopâtre ?

À la demande de Mélicand, le chauffeur nous a passé un film. Une espèce de « japoniaiserie[4] » où un acteur français très connu combat[5] seul une mafia armée jusqu'aux dents. Pendant une heure et demie, on n'a pas du tout regardé par la fenêtre et on a franchi[6] la frontière[7] sans s'en apercevoir. Ça nous rassurait de suivre un acteur habituel dans un scénario habituel avec un humour habituel et un dénouement[8] habituel.

À la fin du film, je me suis rendu compte que Poméline était assise à côté de moi.

— Tout va bien, Maxime ? T'étais tout pâle ce matin.

— Ça va. J'ai du mal à me lever tôt.

— Il faudra t'y habituer, il paraît qu'en Allemagne les cours commencent à sept heures trente !

Poméline habite à deux rues de chez moi. Je l'ai toujours connue. Nos parents se fréquentent[9], ils organisent au printemps des barbecues en forêt, en hiver des week-ends dans les Alpes. Poméline appartient[10] à mon paysage quotidien

---

1 avoir le cœur battant la chamade: *fam.* das Herz schlägt bis zum Hals
2 tarabuster qn: *fam.* jdm keine Ruhe lassen
3 la baignoire: Badewanne
4 la japoniaiserie: → japonais/e *adj.* → la niaiserie: Dummheit
5 combattre qn: lutter contre qn
6 franchir: traverser
7 la frontière: Grenze
8 le dénouement: *ici* la fin
9 fréquenter: voir souvent
10 appartenir à qc: faire partie de qc

depuis l'école primaire, un peu comme la nationale[1] qui borde le lotissement[2], la bibliothèque ou le parking du supermarché.

5 Tarvier, qui se rendait à l'avant du bus pour demander un truc à Pedro, a joué le pénible[3] de service :

— Ben dis donc, Roussin, faut pas s'embêter[4] ! Tu veux que je le répète à Maroussia ?

Il m'a tapé sur l'épaule en clignant de l'œil et s'est dirigé vers Pedro, qui lui a passé un savon[5] parce qu'il se levait 10 pour la cinquième fois.

Poméline désignait les cicatrices[6] sur mon visage :

— C'est Maroussia qui t'a fait ça ?

— Oui.

— Tes parents sont au courant ?

15 — Non. Je trouve toujours une excuse. Cette fois, je leur ai dit que j'étais tombé dans les ronces[7].

J'ignore ce que Poméline pense de Maroussia, on n'en a jamais vraiment parlé. Peut-être qu'elle n'en pense rien du tout. Pas le genre à juger les autres, Poméline. Elle nous 20 prend comme on est et ne gaspille[8] pas son temps en commérages[9]. Je ne lui ai rien dit de la relation fusionnelle[10] qui unit Maroussia à ses ongles. Elle et eux, c'est une petite famille, une tribu[11] qui se ligue pour me martyriser. TZAC !

1 la nationale: Nationalstraße (= Bundesstraße)
2 le lotissement: Siedlung
3 pénible *m./f. adj.*: unerträglich
4 s'embêter: *fam.* sich langweilen
5 passer un savon à qn: *fam.* jdm einen Rüffel erteilen
6 la cicatrice: Narbe
7 les ronces *f. pl.*: Dornen
8 gaspiller: verschwenden
9 le commérage: Gerede, Geschwätz
10 la relation fusionnelle: Fusionsbeziehung, Symbiose
11 la tribu: Stamm, Sippe

sur la joue, TZAC ! sur l'épaule, TZAC ! TZAC ! sur le front,
sur la main, on me marque comme du bétail[1].

Poméline souriait, l'air navré[2]. Elle m'a dit :

— Tu sais, les gens changent, parfois. Peut-être qu'au
retour tu ne la reconnaîtras plus.

Quand elle s'est levée pour aller rejoindre ses copines au
fond du bus, je suis resté seul dans l'obscurité des rideaux
tirés. L'angoisse n'avait pas disparu. Elle était descendue
dans mes boyaux[3], elle se diffusait[4] dans mes jambes, dans
mes pieds, jusqu'au bout de mes orteils[5]. Ça produisait des
picotements[6] désagréables sous ma peau. Je ne croyais pas
aux encouragements de Poméline ; pour un peu, son
optimisme m'aurait agacé[7].

➻ *voir Sujets d'étude A1, p. 27*

J'ai inspiré un grand coup, les picotements se sont atténués[8].

On a ouvert les rideaux. Notre car chevauchait[9] des cols
enneigés[10]. Des gorges[11] sombres s'ouvraient sous nos
fenêtres, des forêts cavalcadaient[12] jusqu'à nous depuis le
fond des vallées.

En traversant un village, Mélicand a déchiffré une
inscription sur la façade d'un bâtiment :

— *Rathaus.* Ça veut dire la « maison du rat » !

Il était très fier de sa traduction.

---

1 le bétail: Vieh
2 navré/e *adj.*: betrübt
3 les boyaux *m. pl.*: Gedärm
4 se diffuser: sich verteilen, sich ausbreiten
5 l'orteil *m.*: Zeh
6 le picotement: Kribbeln
7 agacer: énerver
8 s'atténuer: se réduire
9 chevaucher: reiten; *hier* überqueren
10 enneigé/e *adj.*: → la neige
11 la gorge: Schlucht
12 cavalcader: *hier* sich erstrecken

On a bien vu que Pedro se retenait de rire pour ne pas le vexer[1], mais c'était plus fort que lui ; il nous a regardés d'un air désespéré[2] et il a tout lâché. Une véritable déferlante[3], un éclat de rire monumental qui a ébranlé[4] les vitres du car.

5 Après avoir repris son souffle, Pedro s'est dirigé vers Mélicand et il lui a posé sa grosse paluche[5] sur l'épaule :

— Ami Mélicand, tu n'as pas de chance ! L'étymologie[6] est parfois capricieuse[7] : en allemand, le *Rat*, c'est le « conseil », et *Haus*, ainsi que tu l'as judicieusement[8] 10 traduit, « maison ». Le *Rathaus*, c'est donc la « maison du conseil », autrement dit la mairie.

Pedro s'est tourné vers nous, comme pour nous prendre à témoin[9] d'une découverte linguistique fondamentale, et il a répété avec emphase[10] :

15 — La mairie !

On n'a pas compris comment une si petite erreur de traduction pouvait déclencher[11] pareil fou rire. Afin que Pedro n'aille pas s'imaginer que la subtilité[12] de la situation nous échappait, on a tous adopté un air méditatif et on s'est 20 remis à regarder par la fenêtre.

➺ *voir Sujets d'étude A4, p. 27*

---

1 vexer: beleidigen
2 désespéré/e *adj.*: sans espoir *m.*
3 la déferlante: Woge, Brandung
4 ébranler: erschüttern
5 la paluche: *fam. ici* la grande main
6 l'étymologie *f.*: l'origine *f.* d'un mot
7 capricieux/-euse *adj.*: launisch, unzuverlässig
8 judicieusement *adv.*: klug
9 le témoin: Zeuge
10 l'emphase *f.*: Nachdruck, Begeisterung
11 déclencher: auslösen
12 la subtilité: Feinsinnigkeit, Tiefgründigkeit

Plantés sur des éminences[1] boisées[2] en surplomb du lac de Constance[3], de petits châteaux penchaient vers nous leurs murs blanchis. Ils ressemblaient à des soldats de parade. Leurs façades ornées[4] de motifs en stuc, de lucarnes[5] fleuries et d'armoiries[6] aux contours indistincts me considé- 5 raient d'un air lugubre[7]. Comme si quelqu'un, derrière chaque créneau[8], m'épiait[9] : quelqu'un qui aurait deviné le forfait[10] que je m'apprêtais à accomplir dans ce pays.

L'imaginaire[11] de Maroussia, décidément, me contaminait[12]. Pour un peu, j'aurais vu surgir[13] des dragons et des 10 gnomes maléfiques[14] au bord de l'autoroute, prêts à me demander des comptes[15] pour le coussin. Alors j'ai pensé que non, vraiment, ça ne pouvait plus durer entre nous. Et que ce voyage était une bénédiction[16], une parenthèse qui me permettrait de tirer un trait[17], froidement, un trait définitif 15 sur cette relation brinquebalante[18] que la routine m'avait fait accepter.

➻ voir *Sujets d'étude A5, p. 27*

1	l'éminence *f.*: Anhöhe
2	boisé/e *adj.*: bewaldet
3	le lac de Constance: Bodensee
4	orné/e de qc: verziert mit etw.
5	la lucarne: Dachfenster
6	les armoiries *f. pl.*: Wappen
7	lugubre *m./f. adj.*: finster, düster
8	le créneau: Zinne
9	épier: beobachten, ausspionieren
10	le forfait: *litt. ici* le grand crime
11	l'imaginaire *m.*: le produit de l'imagination *f.*
12	contaminer: anstecken, infizieren
13	surgir: apparaître
14	maléfique *m./f. adj.*: Unheil bringend
15	demander des comptes à qn: jdn zur Rechenschaft ziehen
16	la bénédiction: Segen
17	tirer un trait sur qc: mettre fin à qc, terminer qc
18	brinquebalant/e *adj.*: klapprig

Sujets d'étude

A. Pendant la lecture

1. Relevez ce qu'on apprend sur Poméline
   (p. 22, l. 21 – p. 23, l. 3; p. 23, l. 17–21).
2. Résumez de quoi les enfants ont peur avant
   l'arrivée en Allemagne (p. 19, l. 1 – p. 21, l. 10).
3. Expliquez dans quelle mesure l'arrivée dans une
   famille étrangère est «un moment difficile»
   (p. 20, l. 7).
4. Précisez le malentendu de Mélicand quant au mot
   allemand «*Rathaus*» (p. 24, l. 21 – p. 25, l. 20).
5. Analysez la réaction de Maxime et la décision qu'il
   prend face à la demande de Maroussia de voler le
   coussin (p. 22, l. 2–6 et p. 26, l. 9–17).

B. Après la lecture

1. Lisez le poème «Erlkönig» («Roi des Aulnes») de
   Goethe et résumez en quelques mots son contenu.
2. Êtes-vous déjà partis seuls à l'étranger? Travaillez
   en groupe et racontez-vous vos inquiétudes avant
   le départ et vos expériences positives et négatives
   pendant le séjour. Si vous n'êtes pas encore partis
   seuls, discutez les avantages et les désavantages
   d'un voyage sans parents.

Chapitre 6

Quand on est entrés dans la ville de T., un vacarme[1] épouvantable[2] a éclaté à l'intérieur du car. Les filles glapis-
saient[3], les garçons beuglaient[4], c'était comme un dernier
sursaut[5] avant l'abattoir[6]. Puis, à mesure que[7] l'agglomération[8] s'étalait[9] autour de nous, le silence s'est imposé. On   5
s'est collés aux vitres pour guetter[10] l'apparition de la Realschule.

Au bout d'une ligne droite bordée de tilleuls[11] et de
réverbères[12], des constructions géométriques en béton se
sont dressées devant nous. Le car a ralenti, et le parking de   10
la Realschule nous a entourés.

Il y avait beaucoup de monde. Des familles entières,
formant un groupe compact, regardaient dans notre
direction. Des sourires bienveillants flottaient sur les lèvres
des adultes, les adolescents se poussaient[13] du coude[14] en   15
parlant tout bas. Le car s'est immobilisé. Les portes ont
soufflé bruyamment, et la rumeur de l'extérieur nous est

---

1 le vacarme: le bruit
2 épouvantable *m./f. adj.*: terrible *m./f. adj.*
3 glapir: kläffen, kreischen
4 beugler: muhen, brüllen
5 le sursaut: Kraftanstrengung
6 l'abattoir *m.*: Schlachthof
7 à mesure que: je weiter/ je mehr
8 l'agglomération *f.*: *ici* la ville
9 s'étaler: sich ausbreiten, sich ausdehnen
10 guetter qc: attendre qc avec impatience
11 le tilleul: Linde
12 le réverbère: Straßenlaterne
13 se pousser: sich schubsen, sich drängeln
14 le coude: Ellenbogen

parvenue. Éclats de voix étouffés[1], exclamations presque chuchotées[2]. Un murmure inédit[3] s'insinuait[4] dans le car. On ne distinguait[5] aucun mot, juste des sons enchaînés[6] qui coulaient, coulaient, tel un ruisseau[7].

5   Pedro est descendu. Un petit bonhomme à la moustache grisonnante[8] s'est approché de lui en écartant les bras comme pour attraper un papillon gigantesque. Les gens sur le parking observaient un silence solennel[9], n'osant pas briser le charme de cette embrassade[10] symbolique. Et puis

10 il a bien fallu se décider à sortir : Pedro, gardant une main sur l'épaule de son confrère[11], nous invitait à descendre avec son autre main. Nous avons inspiré un grand coup et nous avons suivi Tarvier, qui s'était dévoué[12] pour passer devant.

➻ *voir Sujets d'étude A1, p. 32*

Le petit homme à la moustache grise nous observait, hilare[13].
15 Les yeux plissés[14],
     les épaules tressautantes[15], il émettait des gloussements[16] aigus chaque fois que l'un d'entre nous posait le pied sur le sol allemand. Lorsque Mélicand, qui fermait la marche[17], est sorti du car, les mains du petit bonhomme ont commencé à

---

  1   étouffé/e *adj.*: gedämpft, erstickt
  2   chuchoter: flüstern
  3   inédit/e *adj.*: *hier* noch nie dagewesen
  4   s'insinuer dans qc: sich in etw. einschleichen, in etw. eindringen
  5   distinguer: *ici* comprendre
  6   les sons enchaînés *m. pl.*: aneinandergereihte Laute
  7   le ruisseau: Bach
  8   grisonnant/e *adj.*: gris/e *adj.*
  9   solennel/le *adj.*: feierlich
  10   l'embrassade *f.*: → embrasser
  11   le confrère: le collègue
  12   se dévouer: sich opfern
  13   hilare *m./f. adj.*: très joyeux/-euse *adj.*
  14   plisser: *hier* zusammenkneifen
  15   tressauter: zucken
  16   le gloussement: Glucksen
  17   fermer la marche: *ici* être le/la dernier/-ière

s'agiter devant son ventre et à produire des claquements secs. Il nous a fallu quelques secondes pour comprendre qu'il nous applaudissait.

— Je vous présente monsieur Eichbaum, autrement dit monsieur « Chêne », a annoncé Pedro, qui ne peut s'empê- 5 cher d'ouvrir à tout bout de champ des parenthèses pédagogiques.

Il a tapé sur l'épaule de son confrère comme pour éprouver[1] sa robustesse[2] :

— Et je vous garantis qu'elle est solide, cette vieille 10 branche[3] : elle anime l'échange depuis vingt ans !

— Vingt et un ! a corrigé le petit chêne, en s'esclaffant[4] de façon exagérée pour une plaisanterie aussi conventionnelle.

— Monsieur Eichbaum nous accompagnera durant nos 15 sorties. Il nous a concocté[5], à son habitude, un programme du tonnerre[6] !

Le petit homme aux épaules tressautantes, sans cesser de sourire, a pris la parole :

— Je souhaite à nos hôtes français la bienvenue à T. 20 J'espère que le voyage a été bon et que votre séjour parmi nous sera agréable.

Monsieur Eichbaum s'exprimait dans un français impeccable[7], et notre première réaction a été enthousiaste. Il prononçait certains mots d'une manière inhabituelle, mais il 25 était impossible de dire si cela tenait à son accent ou au fait que ses lèvres souriaient en permanence.

---

1 éprouver: tester
2 la robustesse: Widerstandsfähigkeit
3 la branche: Zweig, Ast
4 s'esclaffer: schallend loslachen
5 concocter: *fam. ici* préparer
6 du tonnerre: *fam.* super
7 impeccable *m./f. adj.*: sans fautes

Notre enthousiasme est tombé comme un rideau, il s'est ratatiné[1] dans nos chaussettes lorsque monsieur Eichbaum a poursuivi :

— Je vais maintenant vous attribuer vos familles d'ac-
5 cueil.

La voix du petit chêne portait loin. On entendait nos prénoms résonner sur le parking. Les syllabes étaient projetées contre le car, répercutées[2] contre les voitures puis contre le mur du collège avant de parvenir à nos oreilles.
10 Un par un, à l'appel de leur nom, mes camarades attrapaient leurs sacs dans la soute à bagages[3] et ils se dirigeaient, d'un pas mal assuré, vers la famille qui leur ouvrait les bras.

Mon nom a ricoché[4] sur le parking quasiment vide. J'ai aperçu mon hardos[5] en face de moi. Il tendait la main vers
15 mon sac et souriait d'une oreille à l'autre. J'étais le dernier de la liste. Une pluie fine commençait à tomber. Pedro m'a collé une bourrade[6] dans le dos, le petit chêne à la moustache grise a lancé un gloussement bienveillant, et j'ai suivi Tilo Roos. Ses parents étaient déjà montés en voiture à
20 cause de la pluie ; ils m'ont accueilli avec entrain[7]. Des mots ont crépité[8] autour de moi,

tandis que le père mettait le contact[9]. J'ai souri le plus niaisement[10] possible en signe d'incompréhension : ils ont éclaté de rire. Papa Roos s'est penché en arrière, il m'a
25 donné une grande claque sur l'épaule, puis il a démarré[11].

---

  1   se ratatiner: devenir très petit/e
  2   répercuter: zurückwerfen
  3   la soute à bagages: Gepäckraum
  4   ricocher: *hier* hallen, ertönen
  5   le hardos: amateur de musique hard rock
  6   la bourrade: Stoß
  7   l'entrain *m.*: Schwung, Elan
  8   crépiter: rattern
  9   mettre le contact: den Motor anlassen
10   niais/e *adj.*: albern, dumm
11   démarrer: mettre en marche, partir

Sujets d'étude

A. Pendant la lecture

1. Décrivez l'ambiance dans le car lors de l'arrivée du groupe français en Allemagne (p. 28, l. 1 – p. 29, l. 13).
2. Imaginez les pensées des élèves français et écrivez-les sous forme de bulles.

B. Après la lecture

1. Travaillez en groupe. Imaginez qu'un groupe d'élèves français vous rendra visite pour une semaine. Préparez un «programme du tonnerre» (excursions, visites, attractions) pour leur faire connaître votre ville et votre région. Présentez les programmes en classe et choisissez-en le meilleur.

Chapitre 7

Quand on est arrivés devant la maison des Roos, au bout de
seulement huit kilomètres, j'ai bien cru que mon crâne[1]
allait exploser. Je me suis éjecté[2] de la voiture en pensant
que la cacophonie[3] cesserait. Grossière[4] erreur ! Non
5 seulement Tilo et ses parents se sont éjectés en même temps
que moi, mais plusieurs voisins ont rappliqué[5], aussi hilares,
aussi bruyants.

Il y avait un bonhomme en robe de chambre[6] qui rigolait
en rajustant[7] fréquemment ses lunettes et en s'assenant[8] de
10 grandes claques sur les cuisses. Je ne comprenais rien à son
baragouin[9], mais mon petit doigt me soufflait qu'il parlait
de moi. Une femme un peu boulotte[10], chaussée de sandales
volumineuses, l'accompagnait en frottant ses mains sur son
tablier[11] ; son ventre remuait comme de la gelée à chaque
15 nouvelle blague de son mari. Certainement des parents[12]
proches, à en juger par leur familiarité envers Tilo. L'homme
en robe de chambre lui donnait des bourrades dans le dos,

---

1 le crâne: Schädel
2 s'éjecter: *fam. ici* quitter rapidement, sortir
3 la cacophonie: Kakophonie (unangenehme Mischung von Lauten/
   Geräuschen)
4 grossier/-ière *adj.*: grave *m./f. adj.*, lourd/e *adj.*
5 rappliquer: *fam.* arriver
6 la robe de chambre: Morgenrock
7 rajuster: zurechtrücken
8 s'assener: se donner
9 le baragouin: *fam.* Kauderwelsch
10 boulot/te *adj.*: pummelig
11 le tablier: Schürze
12 les parents *m. pl.*: *hier* Verwandte

la femme au tablier lui caressait[1] la joue en piaillant[2] des exclamations joyeuses. D'autres voisins sortaient des maisons, s'approchaient, me dévisageaient. Et derrière eux, d'autres encore, de plus en plus nombreux.

Un géant[3] athlétique dont les jambes interminables jaillissaient[4] d'un short remonté ras la bistouquette[5] s'est avancé, comme propulsé[6] par des bottes de sept lieues[7]. 5

— Volker ! il a lancé en me secouant vigoureusement[8] la main. Je suis un grande ami du famille Roos, et je parle un peu de la français. 10

Son intervention m'aurait rassuré si, en levant la tête vers lui, tout là-haut, je ne l'avais trouvé aussi hilare que les autres. J'avais échoué[9] dans une drôle de famille : une famille de trolls[10] ou de génies malicieux[11]. Ils se poussaient du coude, désignaient une partie de mon accoutrement[12] ou 15 de mon visage, et s'esclaffaient de plus belle. Je m'efforçais de paraître à mon aise, d'esquisser un semblant de sourire, mais ça ne prenait pas : mes tentatives[13] ne faisaient qu'attiser[14] l'hilarité[15] générale.

Au bout d'un moment, quand même, le grand Volker a 20 empoigné[16] mon sac et m'a invité à le suivre :

1 caresser: streicheln
2 piailler: kreischen
3 le géant: Riese
4 jaillir: *ici* sortir
5 ras la bistouquette: *hier* bis kurz unterm Schritt (la bistouqette: *fam.* Penis, Pimmel)
6 propulser: antreiben
7 les bottes *f. pl.* de sept lieues: Siebenmeilenstiefel
8 vigoureux/-euse *adj.*: fort/e *adj.*
9 échouer: *ici* se retrouver
10 le troll: Troll
11 malicieux/-euse *adj.*: schelmisch
12 l'accoutrement *m.*: Aufmachung
13 une tentative: Versuch
14 attiser: *ici* rendre plus fort
15 l'hilarité *f.*: Heiterkeit, Gelächter
16 empoigner: prendre

— Viens, mon jeune ami. Je vas ta montrer ton chambre.

Tandis que les autres continuaient à jacasser[1] sur le trottoir, les longues jambes ont tracé un chemin à l'intérieur du jardin. J'ai suivi sans demander mon reste[2].

5 La maison était tellement grande qu'elle ressemblait à un immeuble. Le hall donnait sur un escalier desservant[3] plusieurs étages. Au premier, Volker a fait une halte. Il m'a pris par l'épaule :

— Ici, tu vois, derrière cette porte à gauche, c'est la 10 grand-mère de Tilo qui habite. Tu dormiras dans le chambre de Tilo, sur l'autre côté de la palier[4]. Lui, il s'a installé une matelas dans le chambre de Mickie, à la deuxième étage. Viens, maintenant. Tu vas poser tes affaires un peu.

Volker a ouvert la porte de ma chambre. Il a déposé mon 15 sac au pied du lit, puis il m'a regardé de ses petits yeux rieurs[5].

— Tu rejoindras[6] le famille Roos à la deuxième étage dès que tu seras fini, d'accord ? Tu verras, il se trouve là-haut la cuisine, la salon, avec un télévision et tout beaucoup de 20 choses. Moi, à ce moment je vais te quitter parce que j'ai une entraînage de tennis. Je reviendrai te visiter ce soirée, comme ça tu entendras encore parler du français un peu.

➨ *Sujets d'étude A2, p. 38*

Là-dessus, il a dévalé[7] l'escalier en sifflotant[8].

J'ai refermé la porte. Je me suis assis sur le lit.

---

1 jacasser: *fam.* parler
2 sans demander son reste: *loc.* sans parler
3 desservir: *ici* mener à
4 le palier: Treppenabsatz
5 rieur/-euse *adj.*: → rire
6 rejoindre qn: retrouver qn
7 dévaler: descendre
8 siffloter: pfeifen

Des posters de chanteurs de hard-rock, chevelus[1]-cuirassés[2]-cloutés, tapissaient les murs. Ils me fixaient avec une mine lugubre, certains brandissaient[3] leur majeur[4] d'un geste obscène. Il y avait, à la tête du lit, un poster de chanteuse ou d'actrice, ce genre d'idoles que les garçons aussi 5 peuvent coller sur les murs, dans l'intimité de leur chambre. C'était une espèce[5] de madone gothique au visage barbouillé[6] de noir, aux ongles longs comme des poignards[7]. Presque une réplique[8] de Maroussia, juste un peu plus âgée et plus barbouillée. Elle me lançait comme un regard de 10 défi[9].

Sur la table de nuit, on avait déposé un mini Ritter Sport lait-noisettes. J'appréciais l'intention et j'aurais voulu l'honorer aussitôt, mais ça ne passait pas, ces visages hostiles[10] me coupaient l'appétit. 15

Je me suis levé. Je suis allé au coin toilettes et me suis retrouvé transporté en cours d'allemand :

— Tout est culturel, martèle[11] Pedro chaque jour en classe. Même la forme des toilettes ! En Allemagne, vous remarquerez que les W.-C. ne sont pas comme chez nous : 20 ils ressemblent à des bidets[12]. D'ailleurs, là-bas, le bidet

---

1 chevelu/e *adj.*: avoir les cheveux longs
2 cuirassé/e *adj.*: gepanzert; *ici* qn qui porte des vêtements en cuir (le cuir: Leder)
3 brandir: *ici* montrer
4 le majeur: Mittelfinger
5 une espèce de: une sorte de
6 barbouiller: beschmieren, *hier* schminken
7 le poignard: Dolch
8 la réplique: la copie
9 lancer un regard de défi à qn: jdm einen herausfordernden Blick zuwerfen
10 hostile *m./f. adj.*: ≠ amical/e *adj.*
11 marteler: einhämmern
12 le bidet: Bidet (niedrig angebrachtes Waschbecken zur Reinigung des Intimbereichs)

n'existe pas. Le bidet, c'est quelque chose de typiquement français.

Pedro nous a raconté l'histoire de son ami allemand qui, dans un hôtel d'Aix-en-Provence, avait pris le bidet de sa
5 chambre pour les toilettes. Pedro aime les anecdotes crous- tillantes[1], il nous en offre au moindre prétexte[2] (il appelle ça des « parenthèses civilisation[3] »). La plupart du temps, il rit plus fort que nous. C'est un prof très porté sur l'humour en général et sur l'humour pipi-caca en particulier.

10 Je me suis mouillé[4] les cheveux pour que ma brosse[5] tienne un peu mieux sur mon crâne[6], j'ai regardé le résultat dans la glace au-dessus du lavabo : la brosse tenait, mais j'avais des valises sous les yeux et le teint pâle comme un yaourt nature. Je suis retourné m'asseoir sur la couette[7] de
15 Tilo.

Depuis combien de temps Volker m'avait-il laissé ? Une éternité selon moi, moins de cinq minutes selon ma montre. Il fallait se rendre à l'évidence[8] : le temps ici s'écoulait beaucoup plus lentement qu'en France.

20 Sur les murs, les chanteurs chevelus se montraient de plus en plus impertinents[9]. Leurs yeux lançaient des éclairs, leurs mains s'avançaient jusqu'à me toucher. En tendant l'oreille, je les entendais gronder[10], m'insulter[11], invoquer[12] pour me nuire[13] les puissances sataniques. Et l'autre, la

---

1 croustillant/e *adj.*: pikant
2 le prétexte: Vorwand
3 la civilisation: Landeskunde
4 mouiller: nass machen
5 la brosse: *ici* la coiffure
6 le crâne: Schädel
7 la couette: *ici* le lit
8 l'évidence *f.*: das Offensichtliche, die Tatsache
9 impertinent/e *adj.*: unverschämt, frech
10 gronder: grollen
11 insulter: beleidigen
12 invoquer: anrufen
13 nuire à qn: jdm schaden

madone gothique, avec ses ongles longs comme des sabres[1], paraissait à son aise au milieu d'eux. C'était idiot, mais j'avais l'impression qu'il aurait suffi d'un seul geste de sa part pour que la horde des sauvages se jette sur moi.

L'ambiance dans cette chambre devenait irrespirable[2]. 5 Je me suis levé et je me suis risqué sur le palier.

➺ voir Sujets d'étude A3, p. 38

Sujets d'étude

A. Pendant la lecture

1. Résumez l'arrivée de Maxime chez les Roos.
2. Volker a fait des fautes de français. Corrigez-les.
3. Décrivez la décoration de la chambre de Tilo et expliquez pourquoi les posters font penser Maxime à Maroussia.

B. Après la lecture

1. Relisez l'anecdote des toilettes (p. 36, l. 16 – p. 37, l. 7). Avez-vous déjà fait l'expérience des différences culturelles ou en avez-vous entendu parler? Racontez des anecdotes personnelles.
2. Travaillez en groupe. Décrivez la décoration de votre chambre. Présentez un objet et expliquez son importance pour vous et ce qu'il révèle de votre personnalité. Dans le groupe, choisissez l'objet le plus intéressant.

---

1 le sabre: Säbel
2 irrespirable *m./f. adj.*: unerträglich

Chapitre 8

Le calme avait envahi[1] le monde des trolls. J'ai grimpé
quelques marches. Les parois[2] de l'escalier étaient tapissées
d'images : souvenirs de voyages, photos, posters de
paysages. De loin en loin, une petite croix de bois ou un
5 Christ en miniature côtoyaient[3] une étoile scintillante[4], une
fleur artificielle, une guirlande.

Une odeur de cuisine parvenait du deuxième étage. Une
odeur inconnue, agréable, à la fois épaisse[5] et douce. J'ai
frappé deux coups. La maman de Tilo m'a ouvert. Elle tenait
10 une spatule[6] fumante ; elle m'a invité à entrer d'un geste
furtif[7], puis s'est précipitée[8] vers la cuisine. Le sifflement
d'une soupape[9] a décru[10]. Comme je ne savais pas où aller,
je suis resté planté dans le couloir, à l'entrée de la cuisine.
L'exposition murale continuait, agrémentée[11] par des photos
15 de famille. De bas en haut, les murs étaient habillés, les
meubles couverts de bibelots[12], comme si on avait eu peur
qu'ils prennent froid.

---

1   envahir: → une invasion
2   la paroi: le mur
3   côtoyer: être à côté de
4   scintillant/e *adj.*: brillant/e *adj.*
5   épais/se *adj.*: dicht
6   la spatule: Pfannenwender
7   furtif/-ive *adj.*: rapide
8   se précipitér: *ici* courir
9   la soupape: Ventil
10 décroître: diminuer
11 agrémenter: rendre plus beau
12 les bibelots *m. pl.*: Nippes

Maman Roos, depuis ses fourneaux[1], me parlait et j'ai commencé à avoir honte. Aucun mot ne produisait de sens dans mon esprit.

Pedro nous avait avertis :

— Le dialecte souabe[2] n'est pas simple à comprendre au début, mais on y trouve rapidement ses repères[3]. 5

En l'occurrence[4], devant maman Roos, j'étais sans repères et je désespérais d'en acquérir[5] un jour. Elle me désignait quelque chose du bout de sa spatule. J'ai fini par reconnaître, au milieu d'une jungle de phrases inextricables[6], 10 les deux syllabes du prénom de Tilo. J'en ai conclu[7] que je le trouverais en suivant la direction indiquée par la spatule.

Au fond du couloir, une porte ouvrait sur le salon. Tilo regardait la télé en compagnie de sa petite sœur Mickie : une série policière avec un héros un peu plus expressif que 15 Derrick – ce qui n'est pas une performance[8]. Le suspense devait être à son comble[9] parce que Tilo se rongeait les ongles ; il balançait régulièrement sa tête sur le côté pour écarter la frange[10] qui lui tombait sur les yeux. Mickie s'agrippait[11] d'une main au fauteuil, de l'autre elle tenait le 20 bras de son frère.

Les coups de feu[12] ont diminué, ça sentait le dénouement. Tilo a balancé sa tête un peu plus en arrière et il m'a aperçu. Il m'a aussitôt invité à m'approcher. Mickie s'est levée, elle

---

1 le fourneau: Herd
2 souabe *m./f. adj.*: schwäbisch
3 le repère: Orientierungspunkt
4 en l'occurrence *f.*: *loc.* in diesem Fall
5 acquérir: *ici* trouver
6 inextricable *m./f. adj.*: *ici* compliqué/e *adj.*
7 conclure: schlussfolgern, schließen
8 la performance: Leistung
9 le comble: Gipfel
10 la frange: (Haar)pony
11 s'agripper à qc: sich an etw. festklammern
12 le coup de feu: Schuss

s'est plantée devant moi pour me détailler[1] des pieds à la tête. Elle avait une coupe[2] à la garçonne et portait un short de footballeur, comme ma cousine qui joue dans l'équipe féminine de l'OM. Elle m'a tendu une petite main.

5 Tandis que Tilo éteignait la télé, Mickie a commencé à baragouiner[3]. Elle me parlait très lentement, comme si elle s'adressait à un bébé ; on avait dû lui expliquer que je ne comprenais pas bien l'allemand. Hélas, le dialecte, même façon bébé, ça reste du dialecte, et la liaison avec mon
10 esprit ne s'établissait pas. Tilo a pris le relais[4]. Je comprenais mieux parce qu'il s'efforçait de parler l'allemand standard, mais ça me fondait quand même le cerveau[5] de me concentrer sur ce qu'il disait. Il a dû le remarquer et il a embrayé[6] en français :

15 — Nous mangeons maintenant. Après, il vient Volker, le monsieur qui tu as vu. Tu pourras avec lui encore français parler.

Ça me faisait plaisir de manger bientôt parce que les odeurs se répandaient dans la maison, mais l'horaire me
20 paraissait un peu tôt pour le repas du soir : six heures moins cinq.

Alors, dîner ou goûter ?

Je me suis assis à table en souhaitant « *Guten Appetit !* » Ça ne devait pas être tellement bien prononcé parce qu'ils
25 ont rigolé en me considérant d'un air attendri. Ou bien ils riaient pour autre chose. J'ai décidé de ne plus trop me poser de questions quand ils se mettaient à rire et je les ai regardés attentivement pour me comporter comme eux.

---

1 détailler: regarder attentivement
2 la coupe: Haarschnitt
3 baragouiner: *ici* parler
4 prendre le relais: être le/la prochain/e
5 fondre le cerveau: das Hirn zum Schmelzen bringen
6 embrayer: *ici* commencer à parler

Tout d'abord, une soupe aux herbes dans laquelle flottaient des morceaux de crêpes taillés en longues lanières[1]. L'horaire avait beau être bâtard[2], mon ventre appréciait. Je me suis laissé resservir deux fois.

Après, casse-croûte[3] à base de pain et de charcuterie. Ça 5 ressemblait à un pique-nique, sauf qu'on était à la maison. C'était fameux ! Jambon fumé, cervelas et surtout salami. J'en ai profité parce que maman est allergique à la simple vue du salami. Papa et moi on aime, mais on se sacrifie chaque jour que Dieu fait pour lui éviter des crises. 10

Il y avait aussi une espèce de pâté en tube qui ressemblait à du boudin blanc[4]. Les trolls étalaient ça sur des tartines[5]. Je les ai imités. Trois fois, parce que c'était fameux, ça aussi.

Maman Roos a sorti du four des toasts grillés recouverts de fromage fondu et d'ananas. Inhabituel mais pas mauvais. 15 Après le deuxième, j'ai senti que mon ventre commençait à tirailler[6].

Pour accompagner le tout, des boissons gazeuses. Depuis la bière jusqu'à l'eau minérale, en passant par les limonades et le Coca, tout liquide était rempli de gaz. Il y avait même 20 du jus de pomme auquel on pouvait incorporer[7] du gaz à l'aide d'un appareil placé au milieu de la table. Je n'avais pas l'habitude d'ingurgiter[8] autant de bulles, mais j'ai quand même bien sympathisé avec une sorte de Coca local, au goût citronné : le « Spezi ». 25

Après les toasts grillés, tout le monde s'est levé pour aller écouter le journal télévisé. Je me suis demandé si on

1   la lanière: Streifen
2   bâtard/e *adj.*: *ici* bizarre *m./f. adj.*
3   le casse-croûte: Imbiss, Zwischenmahlzeit
4   le boudin blanc: aus Geflügelfleisch, Milch, Ei und Brotkrumen hergestellte Wurst
5   la tartine: Butterbrot
6   tirailler: *ici* faire mal
7   incorporer: ajouter
8   ingurgiter: *ici* boire

pouvait considérer le repas comme terminé ou s'il y aurait un dessert plus tard.

Avant le journal, on devait se farcir[1], comme chez nous, pas mal de pubs. C'était le moment d'offrir les cadeaux que
5 maman avait glissés dans mes affaires. Une fois dans ma chambre, j'ai sorti le paquet de mon sac, puis je suis remonté en courant parce que Tilo m'appelait :

— Maxime ! Tes parents à la téléphone !

Maman était désespérée : j'avais oublié de me
10 manifester[2] en arrivant. Elle m'a recommandé de manger de tout, d'être poli, de bien me couvrir le matin et de lui téléphoner le lendemain sans faute. Avant que j'aie ouvert la bouche, elle avait raccroché.

J'ai pris le chemin du salon en traînant la jambe[3], mon
15 paquet sous le bras. Les éclats de voix avaient monté d'un ton ; le présentateur du journal s'égosillait[4] pour qu'on l'entende. Volker venait d'arriver. Il commentait les actualités à grands cris, en moulinant[5] autour de lui avec ses longs bras. En m'apercevant, il a crié encore plus fort :

20 — Mon ami le Français ! Les informations parlent de ta pays : il paraît que tout le monde fait encore le grève[6] à cette moment. Ah, les Français, de sacrés[7] râleurs[8], pas vrai ? Vive la Révolution !

Volker a tapé dans ses mains pour me féliciter, comme si
25 j'avais une quelconque responsabilité dans la Révolution française. Il m'a désigné une place sur la banquette auprès de lui.

---

1 se farcir qc: etw. ertragen
2 se manifester: sich melden
3 traîner la jambe: das Bein nachziehen
4 s'égosiller: crier
5 mouliner: *hier* mit den Armen rudern
6 faire la grève: streiken
7 sacré/e *adj.*: *hier* verdammt
8 le râleur: Stänkerer, Motzer

Papa Roos s'est emparé[1] de mon cadeau.

— Si ça ne tenait qu'à toi, avait dit maman la veille[2] de mon départ, tu ne penserais même pas à apporter quelque chose !

Elle s'était occupée de tout. Elle avait calé[3] le paquet au 5 fond de mon sac, entre des pulls et des tee-shirts, en me recommandant d'en prendre soin parce que c'était fragile.

Papa Roos a déposé le contenu du paquet sur la table du salon : bloc de foie gras[4], bouteille de sauternes[5] et chocolats dans une coupe en Moustiers[6]. Très enthousiaste, il a exhibé 10 un tire-bouchon[7] et il a décapité le sauternes. En guise de[8] bisou, maman Roos m'a serré la main énergiquement (Pedro nous avait avertis : les Allemands ne se patouillent[9] pas les joues à la moindre occasion). Puis elle s'est levée pour aller ranger le foie gras au frigo. J'aurais voulu lui expliquer que 15 le sauternes accompagne le foie gras, de préférence en début de repas, et puis... faute de trouver les formulations appropriées[10], j'ai abandonné la bouteille à son triste sort[11].

Elle a commencé à diminuer très sérieusement. Ça n'empêchait pas Volker de vider[12] aussi, en alternance, son 20 grand verre de bière. Tilo, Mickie et moi, on pitait[13] dans les chocolats. Et on descendait sans mot dire notre bouteille de Spezi. Les bulles faisaient pétiller[14] le chocolat sous ma

1   s'emparer de qc: *ici* prendre qc
2   la veille: le jour précédent
3   caler: *ici* mettre
4   le foie gras: Gänseleberpastete
5   le sauternes: vin de la région de Sauternes
6   la coupe en Moustiers: Porzellanschale aus Moustiers
7   le tire-bouchon: Korkenzieher
8   en guise de: à la place de
9   patouiller: *fam. ici* embrasser
10   approprié/e *adj.*: angemessen
11   le sort: Schicksal
12   vider: → vide *adj.*
13   piter: *hier* beißen
14   pétiller: sprudeln, knistern

langue. C'était curieux comme sensation, mais pas désagréable.

Quand il n'est plus resté aucun chocolat, la maman de Tilo a ouvert une boîte de crackers, qu'elle a versés dans la coupe en Moustiers. Salé, puis sucré, puis salé, sur beaucoup de gazeux... Mon ventre brassait[1] comme le tambour d'une machine à laver.

Volker ne traduisait plus, il riait très fort, expulsant[2] des mots en cascade[3]. Papa et maman Roos y ajoutaient leurs propres éclats, le salon résonnait autant qu'une marmite[4] où mes oreilles cuisaient[5] à feu nourri[6]. Je me demandais comment ils parvenaient à trouver toujours du carburant[7] pour leur rigolade.

Faute de pouvoir en placer une[8], je me suis rabattu sur les crackers. Je les ai bien arrosés[9] de Spezi. Tant que les autres s'esclaffaient, le raffut[10] de mes boyaux passait inaperçu, mais quand Tilo m'a proposé de venir jouer à l'ordinateur dans la chambre de sa petite sœur, je me suis excusé en feignant[11] la grosse fatigue et je suis descendu dans ma chambre.

J'ai terminé la soirée sur les toilettes en forme de bidet, jusqu'à ce que la gymnastique de mes boyaux s'apaise.

➠ voir Sujets d'étude A1, p. 47

---

1 brasser: mischen
2 expulser: ausstoßen
3 la cascade: Wasserfall
4 la marmite: Kochtopf
5 cuire: kochen
6 nouri/e *adj.*: heftig
7 le carburant: Treibstoff
8 ne pas pouvoir en placer une: nicht zu Wort kommen
9 arroser: (be)gießen
10 le raffut: Radau
11 feindre: vortäuschen

Une fois sous la couette, j'ai décidé de supprimer la prière du soir à Maroussia. Finie, la petite cérémonie nocturne où je convoquais[1] son image pour lui dire, par télépathie, des choses tendres et poétiques ! J'étais bien décidé à m'endormir sans passer par la case[2] Maroussia. 5

Toutes ces nouvelles têtes, ces milliers de phrases, ces multiples énigmes linguistiques m'avaient assommé[3] ; c'était l'occasion rêvée pour attraper le premier train du sommeil. Hélas ! quelques minutes après m'être assoupi[4], l'angoisse m'a donné une paire de gifles[5]. J'ai dû m'asseoir 10 dans mon lit, en sueur. En raison de l'absence de volets[6], l'obscurité n'était pas complète dans la chambre. La lune éclairait le visage de la madone gothique. J'ai eu l'impression de voir remuer[7] ses lèvres.

— Le coussin. Pense au coussin ! 15

Je lui ai demandé si c'était Maroussia qui l'envoyait pour m'espionner. J'en avais ma claque[8] de tout ce cirque, je le lui ai dit très nettement[9] : les griffures, les humiliations, les défis[10] à la mords-moi-le-nœud[11] et les grands sentiments romantiques, c'était fini tout ça. Il fallait plus compter sur 20 moi pour faire le clown !

Aucune réponse, bien sûr. A-t-on idée de parler en français à un poster allemand à deux heures du matin ?

---

1   convoquer: aufrufen
2   la case: (Spiel)feld
3   assommer: erschlagen, betäuben
4   s'assoupir: s'endormir
5   la gifle: Ohrfeige
6   le volet: Fensterladen
7   remuer: sich bewegen
8   j'en ai ma claque: *fam.* j'en ai assez, j'en ai marre
9   nettement *adv.*: unmissverständlich
10   le défi: Herausforderung
11   à la mords-moi-le-nœud: *fam. vulg.* idiot/e *adj.*, stupide *m./f. adj.*

Sujets d'étude

A. Pendant la lecture

1. À partir des informations données dans ce chapitre, expliquez les différences entre les habitudes alimentaires en France et en Allemagne.

B. Après la lecture

1. Le lendemain, Maxime raconte sa première soirée chez les Roos à ses copains. Il parle de la famille, du repas, de son correspondant, de ses problèmes de langue. Écrivez ce qu'il dit.

2. Travaillez en groupe. Cherchez dans les journaux allemands des informations actuelles sur la France et dégagez les évènements actuels en France dont on parle dans les médias allemands.

Chapitre 9

Durant le petit déjeuner, je n'ai pas décroché[1] un mot. La tête brumeuse[2], les paupières[3] en équilibre précaire, vous connaissez ? J'avais l'impression de flotter[4] en plusieurs endroits sans pouvoir me réunir. Heureusement, Tilo et Mickie semblaient dans le même état que moi ; je les 5 soupçonnais d'avoir joué à l'ordinateur jusqu'à une heure avancée de la nuit.

Le petit déjeuner s'étalait[5] sur la table, débordait sur le plan de travail et sur une partie de la cuisinière[6]. Maman Roos allait et venait entre la table et le frigo, déposant 10 toujours plus de choses devant nous : des œufs durs, du fromage, de la charcuterie, des bretzels, du beurre, de la confiture, du miel, du Nutella, du lait, du café, de la crème, du sucre, du jus d'orange, du muesli, des petits pains au sésame, des petits pains complets, des petits pains au 15 pavot[7], des petits pains, encore et encore des petits pains.

Elle a quand même fini par s'asseoir. Elle a ouvert un petit pain au pavot, elle l'a beurré, puis s'est emparée du bloc de foie gras. Elle en a coupé une rondelle[8] comme on décapsule une bouteille, l'a étalée sur son demi-pain 20 beurré, puis elle en a enfourné[9] une bouchée copieuse[10]

---

1 décrocher: *ici* comprendre
2 brumeux/-euse *adj.*: dunstig, verschwommen
3 la paupière: (Augen)lid
4 flotter: treiben, schwimmen
5 s'étaler: sich ausbreiten, sich erstrecken
6 la cuisinière: *hier* Herd
7 le pavot: Mohn
8 la rondelle: Scheibe
9 enfourner: *fam. ici* manger
10 copieux/-euse *adj.*: grand/e *adj.*

qu'elle a rincée[1] avec une gorgée de café au lait. À ce moment-là, je me suis demandé si la renommée du foie gras n'était pas exagérée : comment accorder[2] tant d'importance à une chose dont les gens, sitôt franchie[3] la première
5 frontière, ignorent le mode d'emploi ?

Je me suis plongé dans le beurrage[4] d'un bretzel, en calquant[5] mes gestes sur ceux de Tilo. Mon estomac gargouillait[6] encore. Je faisais un maximum de bruit avec mon couteau pour que personne n'entende.

10 Au bout d'un moment, maman Roos a désigné la pendule[7]. Tilo a balancé ses cheveux en arrière, il a tapé dans ses mains et il a lancé :

— *Los ! Jetzt in die Schule !*

J'ai été drôlement heureux de comprendre le mot *Schule.*
15 Pedro serait fier de moi : j'avais déjà progressé depuis hier !

Tilo m'a prêté un vélo neuf. Lui s'est contenté d'une vieille bécane[8]... avec laquelle il cabrait[9] tout de même comme un beau diable. Avant de sortir du jardin, il s'est arrêté sous l'étendage[10] et il a décroché deux épingles à
20 linge[11].

— *Für dein Hosenbein,* il a dit, en m'en tendant une.

J'ai compris, à le regarder faire, que je devais attacher le bas de mon jean, côté droit, pour éviter de le salir sur la chaîne du vélo. Ça nous donnait une sacrée touche[12], mais

---

1   rincer: (herunter)spülen
2   accorder qc à qc/qn: etw./jdm etw. einräumen, gewähren
3   franchir: passer
4   le beurrage: → le beurre
5   calquer: *ici* imiter
6   gargouiller: gluckern
7   la pendule: Wanduhr
8   la bécane: *fam.* le vélo
9   cabrer: *fam.* losrasen
10 l'étendage *m.*: Wäscheleine
11 l'épingle *f.* à linge: Wäscheklammer
12 la touche: *fam. hier* Aussehen

c'était bien pensé. On s'est collés sur la piste cyclable qui passait devant la maison et on a filé direction T. C'est fou ce que ça pédalait, sur la piste. Tout un peuple de cyclistes en migration[1] vers la ville, avec des sacs à dos et des épingles à linge au mollet[2] droit. 5

Les cheveux de Tilo flottaient dans le vent, on aurait dit un soleil. Un peu allongé quand même, le soleil, parce que le bougre[3] pédalait vite !

C'était peinard[4], cette route où les voitures nous respectaient. J'avais tellement pas l'habitude que je retardais[5] 10 Tilo. Chaque fois qu'un automobiliste me cédait la priorité[6], je m'en étonnais comme un gamin la première fois qu'il voit la neige. J'avais envie de tendre mon bras en permanence, à droite, à gauche, même quand la route ne tournait pas, juste pour vérifier que ça fonctionnait. 15

— *Komm, schnell !*

Là, j'avais carrément[7] compris deux mots d'affilée[8]. Et en situation d'urgence, en plus ! Quant à rouler vite, ça, c'était plus compliqué. On ne s'habitue pas en deux minutes au code de la route[9] quand on vient d'un pays où nul ne le 20 respecte.

Moi le premier. Par exemple, le coup des passages pour piétons[10] : vous savez, les décorations blanches style art contemporain sur la chaussée. En France, les automobilistes ne les voient pas (quand on conduit, on ne perd pas son 25 temps avec l'art contemporain) ; les piétons attendent

---

1   en migration: *ici* en route
2   le mollet: Wade
3   le bougre: *fam.* Kerl
4   peinard/e *adj.*: agréable *m./f. adj.*
5   retarder: mettre en retard
6   céder la priorité: Vorfahrt gewähren
7   carrément *adv.*: *hier* tatsächlich
8   d'affilée: *loc.* l'un après l'autre
9   le code de la route: Straßenverkehrsordnung
10   le piéton: Fußgänger

sagement qu'on ait fini de leur couper la priorité[1] et ils traversent après. Il suffit de lire entre les lignes du code de la route : le poids lourd[2] a la priorité sur la voiture, la voiture a la priorité sur la moto, la moto sur le scooter, le scooter sur le vélo et le vélo sur le piéton. Tout le monde finit par s'y retrouver, même le piéton, auquel il reste la possibilité de devenir conducteur à son tour...

Ici, c'est l'inverse. Quand il y a de l'art sur le bitume[3], les automobilistes s'arrêtent et regardent passer les piétons comme les vaches regardent passer les trains.

➤➤ *voir Sujets d'étude A1, p. 53*

Il faut croire qu'on ne lit pas la même chose entre les lignes. Je l'ai appris à mes dépens[4], à quelques mètres de la Realschule, après huit kilomètres de parcours sans encombre[5], en renversant Poméline qui traversait au passage pour piétons.

Mon guidon[6] a percuté[7] son épaule, elle a poussé un cri très aigu, j'ai fait un soleil[8] autour du vélo avant de retomber sur mes deux pattes[9].

Sauf que ma cheville[10] gauche n'était pas prête et que j'ai entendu un claquement sinistre[11] juste avant de m'affaler[12] sur le dos.

---

1 couper la priorité à qn: jdm die Vorfahrt nehmen
2 le poids lourd: LKW
3 le bitume: *ici* la route
4 apprendre à ses dépens: *hier* am eigenen Leib zu spüren bekommen
5 sans encombre: sans problème
6 le guidon: Lenker
7 percuter qc: gegen etw. prallen
8 faire un soleil: sich überschlagen
9 la patte: *fam.* le pied, la jambe
10 la cheville: Knöchel
11 sinistre *m./f. adj.*: unheilvoll, beunruhigend
12 s'affaler: se laisser tomber

J'ai fermé les yeux, le temps de penser un peu à rien parce que je sentais que, juste après, il faudrait se coltiner[1] pas mal de problèmes.

Quand j'ai ouvert les paupières, plusieurs personnes s'affairaient[2] autour de nous. Poméline geignait[3] à quelques 5 mètres, soutenue par sa corrès et une copine de sa corrès. Elle me regardait avec une grimace douloureuse mais, derrière la grimace, il y avait malgré tout un air gentil. L'air gentil de Poméline, celui qui la suit partout où elle va.

J'ai failli[4] la détester pour ça. 10

---

1 se coltiner: sich aufhalsen
2 s'affairer autour de qn: s'occuper de qn
3 geindre: stöhnen, wimmern
4 faillir faire qc: beinahe etw. tun

Sujets d'étude

A. *Pendant la lecture*

1. Résumez ce que Maxime constate sur le comportement des automobilistes en Allemagne par rapport à celui des automobilistes en France (p. 50, l. 9 – p. 51, l. 10).

B. *Après la lecture*

1. Ceux qui ont déjà vécu chez une famille française ou qui en ont entendu parler: racontez aux autres comment se passe le petit déjeuner en France.
2. Comparez le petit déjeuner en France avec le petit déjeuner typique de chez vous.
3. Après l'échange, le journal scolaire du collège de Maxime fait une interview avec lui, dans laquelle il précise les différences de vie entre la France et l'Allemagne. Écrivez cette interview à partir des informations contenues dans les chapitres 7 à 9.

Chapitre 10

On a patienté un moment dans le hall de l'infirmerie. Pedro marchait de long en large[1]. Le front plissé[2], la barbichette[3] frémissante[4], tantôt il s'approchait de Poméline pour ausculter[5] l'hématome qui s'étalait sur son épaule, tantôt il me faisait signe de ne plus gigoter[6] sur ma chaise, afin que ma 5 cheville se repose.

Histoire de m'occuper, j'ai lu les panneaux accrochés aux murs. Des publicités en faveur d'une vie plus saine, où l'on voyait des familles pétant la forme[7] sourire très blanc sur fond de nature en fête, et des posters de poumons[8] 10 encrassés[9] ou de foies[10] malades, pour prévenir l'abus[11] de tabac et d'alcool. Ces documents qui effraient[12] tant à l'infirmerie mais perdent de leur efficacité à l'air libre...

Inspection faite, on n'avait rien de cassé : un bleu pour Poméline, un muscle froissé[13] pour moi. On était bons pour 15 attendre au chaud jusqu'au cours suivant et pour empester la pommade[14] jusqu'à la fin du séjour.

1	de long en large: auf und ab
2	plissé/e *adj.*: *hier* gerunzelt
3	la barbichette: *fam.* Spitzbärtchen
4	frémissant/e *adj.*: zitternd, bebend
5	ausculter: examiner, regarder attentivement
6	gigoter: *fam.* zappeln
7	péter la forme: *fam.* être en bonne forme
8	le poumon: Lunge
9	encrassé/e *adj.*: *ici* noir/e *adj.*
10	le foie: Leber
11	l'abus *m.*: la consommation excessive
12	effrayer: faire peur
13	le muscle froissé: Muskelzerrung
14	empester la pommade: nach Salbe stinken

Celui qui avait récupéré[1] son sourire, c'était Pedro. Il recommençait même à plaisanter :

— Je ne me faisais aucun souci. Vous savez, j'ai droit à 25 % de pertes[2]...

5 N'empêche, il avait l'air plutôt satisfait de repartir sur les bases de 0 %.

Quand il nous a quittés, Poméline a soulevé sa manche : la peau de son bras se violaçait sur une surface large comme une pièce de deux euros.

10 — C'est Maroussia qui t'a refilé[3] sa manie de marquer les gens ?

J'ai noté la pointe[4]. Poméline, capable de mesquinerie[5] ? Impossible ! Poméline, en France, c'est la sainte, celle qui ne dit du mal de personne. Auprès de tant de vertu[6], on a

15 l'air sales, vulgaires, aigris[7] avant l'âge. Or, voilà que j'étais sur le point de déceler[8], chez elle aussi, une pincée[9] d'esprit critique. J'ai ouvert en grand les écoutilles[10] pour capter d'autres signes.

— Pas grave, elle a soufflé. Ça va devenir violet, rouge,

20 peut-être vert, puis jaune, et ça disparaîtra.

— Qu'est-ce que tu vas dire à tes parents s'ils le voient ?

— Que tu m'as renversée avec ton vélo. Pourquoi ?

Poméline me regardait avec ses yeux ronds, francs comme le pain blanc. Je me suis demandé si elle faisait

25 semblant de ne pas comprendre.

— Comment ils réagiront s'ils apprennent que c'est moi ?

1 récupérer: retrouver
2 la perte: → perdre
3 refiler: *ici* donner
4 la pointe: Spitze
5 la mesquinerie: Kleinlichkeit, Engstirnigkeit
6 la vertu: Tugend
7 aigri/e *adj.*: verbittert
8 déceler: découvrir
9 la pincée: Prise
10 l'écoutille *f.*: *ici* l'oreille *f.*

— Mon père exigera de tes parents un dédommagement[1].
Et si ça se passe mal, il les traînera au tribunal. Tu sais, un
bleu, ça peut coûter très cher !

C'était la meilleure ! Poméline se moquait de moi.
Poméline ! Elle était en train d'attraper du mordant[2]. 5
Décidément, l'air du Bade-Wurtemberg nous la transformait.

Tout en remontant ses chaussettes, elle a parlé comme
pour elle-même :

— Mon père, il est pas vénal.

— Il est pas quoi ? 10

— « Vénal ». Ça veut dire qu'il pense pas tout le temps à
l'argent. Parfois, j'aurais envie qu'il y pense un peu plus...
Regarde-moi ces chaussettes : quand maman en a marre de
les repriser[3], elle me laisse faire et, quand j'en ai assez à
mon tour, elles tombent en loques[4]. C'est à cause de la 15
prodigalité de papa.

— La quoi ?

— La « prodigalité ». Il donne aux autres, sans arrêt, il
adore jouer les grands seigneurs et il ne lui reste plus rien
pour sa propre famille. 20

Poméline, quand on l'écoute un moment, elle fait peur.
Elle paraît beaucoup plus grande que nous. Pas seulement
pour les mots rares qu'elle débite[5], non, ce qui impressionne
surtout, c'est sa capacité à pardonner. Il paraît que ça
s'apprend, mais sur ce plan Poméline a plusieurs années 25
d'avance. Elle pardonne instantanément[6] à ceux qui lui font
du mal. Par exemple, je suis sûr que, malgré l'état de ses
chaussettes, elle adore son père.

---

1 le dédommagement: Entschädigung
2 le mordant: Biss, Schneid
3 repriser: ausbessern, stopfen
4 la loque: Lumpen
5 débiter: *ici* dire
6 instantanément *adv.*: tout de suite

C'est ça qui nous met mal à l'aise, toute cette bonté étalée au grand jour. Cette fille est une machine à distribuer des complexes.

Sujets d'étude

A. Pendant la lecture

Au choix:
1. Caractérisez Poméline et précisez dans quelle mesure Maxime constate un changement de son comportement pendant l'échange.
2. «Cette fille est une machine à distribuer des complexes». Expliquez et commentez cette remarque de Maxime à propos de Poméline.

Chapitre 11

À neuf heures, nos corrès sont venus nous chercher à l'infirmerie. Quand Tilo a constaté que tout allait bien et que je marchais sans trop boiter[1], il m'a flanqué une bourrade dans le dos qui m'aurait presque remis par terre.

Poméline s'est éloignée avec sa corrès. Elle m'a décoché[2] son sourire bonasse[3], celui qui donne envie de la détester. Le Bade-Wurtemberg est peut-être en train de nous la changer, mais pour arriver à la cheville[4] de Maroussia, niveau mordant[5], il y a encore du chemin...

J'accorde beaucoup d'importance à la dernière image que me confient les gens. Quand je dis au revoir à Maroussia, à la sortie du collège, je la regarde intensément pour imprimer son visage dans ma mémoire. Ça l'agace. Elle me demande pourquoi je la contemple avec des yeux de merlan[6] frit. Comme je lui réponds la stricte vérité, elle lève les yeux au ciel :

— Toi et ta fichue[7] sentimentalité... On dirait une gonzesse[8] !

Je n'avoue pas que son image, je la retravaille, le soir, avant de m'endormir. J'en adoucis[9] l'expression, je l'habille de couleurs plus gaies.

---

1 boiter: hinken
2 décocher: *ici* montrer
3 bonasse *m./f. adj.*: gutmütig
4 arriver à la cheville de qn: *fam.* jdm das Wasser reichen
5 niveau mordant: *hier* in Bezug auf ihre Bissigkeit/Schärfe
6 le merlan: *une espèce de poisson*
7 fichu/e *adj.*: verdammt
8 la gonzesse: *fam.* Schlappschwanz
9 adoucir: rendre plus doux

Avec Poméline c'est exactement l'inverse. Pour que son image reste supportable, je gomme[1] un peu son sourire, je durcis[2] son regard. Je lui compose une figure plus farouche[3].

J'ai suivi Tilo dans un couloir décoré de fresques réalisées
5 par des élèves. Elles représentaient différents peuples dans leurs activités quotidiennes. J'imagine qu'ils étaient réunis par continent, mais rien n'est moins sûr : la géo et moi, ça a toujours fait deux. Je n'arrive à situer sur la carte que les endroits où je suis allé. Or, à l'exception d'un petit bout de
10 France, d'un minuscule bout d'Italie, de Suisse et d'Espagne, auxquels il faut maintenant ajouter une miette[4] d'Allemagne, la surface du globe demeure[5] un mystère à mes yeux.

Devant la porte d'une salle se trouvaient quelques
15 chaises. Tilo m'en a collé[6] une dans les mains, en soufflant :

— *Für dich.*

Et il est entré dans la salle.

Là, j'ai connu ma première grande frustration linguistique. Je comprenais la signification de ces deux
20 mots, pourtant le sens du message demeurait obscur. Que voulait-il que je fabrique avec cette chaise ? Tilo est revenu en arrière, il a désigné alternativement la chaise que je tenais puis celles qui restaient dans le couloir :

— *Für die Franzosen.*

25 Comme je ne réagissais toujours pas, il a jugé plus prudent de me la prendre des mains. Je l'ai suivi. À l'intérieur de la salle, vingt paires d'yeux se sont braquées[7]

---

1 gommer: faire disparaître
2 durcir: → dur/e *adj.*
3 farouche *m./f. adj.*: grimmig
4 la miette: Krümel
5 demeurer: rester
6 coller: *ici* donner
7 se braquer: se diriger

sur moi. Je me suis assis sur la chaise, que Tilo avait déposée près de son bureau. C'est quand Tarvier est entré en portant la sienne que j'ai eu l'illumination de la journée : devant les salles, on avait déposé quelques chaises supplémentaires pour les correspondants français. J'ai 5 réalisé que comprendre une phrase nécessitait plus que de la mémoire. Il fallait aussi une certaine faculté d'analyse et beaucoup d'intuition.

Le prof, un grand sec à la craie volubile[1], saturait[2] le tableau de formules mathématiques avant de les effacer à 10 grands coups d'éponge pour en ajouter d'autres.

C'était pas si mal de se retrouver dans un cours en touriste ! Je pouvais regarder autour de moi et faire de l'anthropologie[3] à mon aise. Par exemple, j'ai remarqué que les élèves, quand le grand sec effaçait le tableau, se gober- 15 geaient[4] de sandwichs au salami ou de bretzels beurrés. Au milieu du cours, le prof lui-même a sorti de son cartable une bouteille de limonade pour se rincer le gosier[5] avant de reprendre sa craie et d'asperger[6] le tableau avec des formules toutes fraîches. J'ai pensé que chez nous ce petit monde de 20 grignoteurs[7] ferait tache[8] en plein milieu de la classe, mais ça ne m'a pas empêché d'avaler un sandwich que la mère de Tilo avait glissé dans mon sac le matin.

C'était bon de mâchouiller[9] quelque chose en regardant le grand sec s'agiter devant nous. Le cours a passé sans que 25 je m'en aperçoive[10]. Il faut dire qu'ici les cours durent

---

1   volubile *m./f. adj.*: redselig
2   saturer: remplir
3   faire de l'anthropologie *f.*: *ici* observer et étudier les gens
4   se goberger: *fam.* sich den Bauch vollschlagen
5   le gosier: la gorge
6   asperger: übergießen
7   le grignoteur: *qn qui mange qc* (→ grignoter: knabbern)
8   faire tache: unangenehm auffallen, stören
9   mâchouiller: *fam.* manger
10   s'apercevoir de qc: remarquer qc

seulement quarante-cinq minutes. Avec ça qu'il n'y a pas classe l'après-midi, j'ai plutôt l'impression que le collège, en Allemagne, c'est pépère[1] !

Tilo m'a entraîné au foyer. Des cris bestiaux retentissaient
5 au milieu d'une musique techno à décoller les tympans[2]. Ceux-qui-ont-tout-compris-à-la-vie étaient là, les filles vautrées[3] sur des bancs, l'air bougon[4] parce que la musique n'était pas à leur goût, les garçons agglutinés[5] autour d'un baby-foot[6] antique. Seule Loulette, juchée[7] sur le comptoir,
10 encourageait les garçons. Loulette encourage toujours les garçons, surtout à faire des bêtises.
   Tarvier et Mélicand jouaient contre deux corrès, qui leur donnaient visiblement du fil à retordre[8].
   — C'est parce qu'ils sont habitués à cette vieille pétoire[9] !
15 Prêtez-nous un baby-foot de pros[10], vous verrez qu'on les mettra minables[11] !
   — Roussin ! m'a lancé Pinsolier. Ramène un peu ta fraise[12], espèce de tueur sur deux-roues.

Il paraît que t'as failli nous estropier[13] la Poméline ?

---

1 pépère *m./f. adj.*: ici calme *m./f. adj.*
2 le tympan: Trommelfell
3 se vautrer: lümmeln
4 bougon/ne *adj.*: mürrisch
5 agglutiné/e *adj.*: versammelt
6 le baby-foot: Kickertisch
7 juché/e *adj.*: assis/e *adj.*
8 donner du fil à retordre à qn: jdm sehr zu schaffen machen
9 le pétoire: *fam.* Schießgerät
10 le pro: le professionnel
11 mettre qn minable: jdn besiegen, fertig machen
12 ramener sa fraise: *fam.* s'approcher, participer à la discussion
13 estropier qn: jdn zum Krüppel machen

La nouvelle s'était vite répandue. Tarvier a lâché ses cannes[1] des yeux pour cracher[2] un peu de fiel[3] :

— Tant que c'est Poméline, ça serait pas une grande perte !

On aurait attendu des réactions de la part des filles. Mais rien. Pas un ongle de solidarité féminine. Ça les arrangeait que Poméline n'ait pas les faveurs des garçons, ça faisait une rivale en moins. 5

Ceux-qui-ont-tout-compris-à-la-vie n'ont pas mauvais fond, mais ils s'efforcent de ressembler à de vrais durs. Parce que la vie, c'est dur, ils disent. Au collège, ils appliquent un règlement intérieur officieux[4], qu'il faut respecter point par point si on veut pas être mis à l'écart[5]. Par exemple, entre garçons, on ne doit pas s'appeler par nos prénoms. Ça date peut-être du temps des chevaliers[6], où les hommes guerroyaient[7] au nom de leur fief[8] pour des dames planquées derrière les créneaux avec une rose et un mouchoir (propre). 10 15

Les filles ont le droit de conserver leur prénom, mais elles sont tenues d'adopter une attitude glaciale[9]. C'est à celle qui toisera[10] le mieux. Bouder[11], ça fait très bien aussi, c'est toujours mieux que sourire. 20

— Quand vous souriez, les gens vous trouvent gentils et ils abusent[12].

---

1   la canne: Stock, *hier* Kickerstange
2   cracher: spucken
3   le fiel: Boshaftigkeit, Gehässigkeit
4   officieux/-euse *adj.*: halbamtlich
5   mettre qn à l'écart *m.*: jdn ausschließen
6   le chevalier: Ritter
7   guerroyer: → la guerre
8   le fief: Lehen, Hochburg
9   glacial/e *adj.*: → la glace
10   toiser: verächtlich schauen
11   bouder: schmollen
12   abuser: ausnutzen, übertreiben, missbrauchen

Telle est la règle d'or énoncée[1] par maître Tarvier. On comprend pourquoi, dans cette cour de fausses aventurières, Maroussia en impose[2] à tout le monde. Être son copain me confère[3] un certain prestige. Je ne fais pas exactement partie de ceux-qui-ont-tout-compris-à-la-vie, mais ils ne me rejettent pas. Je suis une sorte d'électron libre. On me respecte pour ce que j'endure[4], et certains, même, m'envient[5].

Tarvier me dit souvent :

— Le jour où ça marche plus entre vous, tu m'appelles ? Ne le prends pas mal, Roussin, mais les filles qui ont du caractère, moi ça me plaît !

C'est bizarre. J'ai pris la décision de casser[6], et pourtant quelque chose m'empêche de le dire aux autres. Comme si j'avais peur de perdre mon prestige. Ou de le regretter.

La partie de baby-foot s'est achevée sur une victoire de l'équipe allemande, demeurant en lice[7] pour affronter le duo Pinsolier-Bantame. Tarvier et Mélicand sont venus vers moi. On s'est accoudés au comptoir et on a commandé des Spezi. Des petits de onze ans, à l'allure responsable, nous ont tendu des verres, puis ils ont sagement rangé notre monnaie dans une boîte en fer-blanc[8] qui tenait lieu de caisse à leur foyer.

— T'as pas manqué grand-chose à la première heure, a lancé Tarvier en portant le goulot[9] à ses lèvres. Les cours, c'est aussi chiant[10] en allemand qu'en français !

1 énoncer: exprimer
2 en imposer à qn: jdm imponieren
3 conférer: donner
4 endurer: ertragen
5 envier qn: jdn beneiden
6 casser: *ici* mettre fin à la relation
7 en lice: in Aktion
8 le fer-blanc: Blech
9 le goulot: *ici* la bouteille
10 chiant/e *adj.*: *fam.* nul/le, ennuyeux/-euse *adj.*

On s'est raconté nos soirées respectives. Les deux autres n'avaient pas échoué[1] chez des trolls. La famille d'accueil de Tarvier semblait même du genre réservé : il avait dû faire les questions et les réponses pendant tout le repas. Heureusement pour lui, son corrès était un gars[2] sympa. Réservé mais sympa.

Mélicand avait eu de la chance : le père de son corrès enseignait le français et il se mettait en quatre[3] pour tout lui traduire. Quant au frère du corrès, un grand gaillard[4] de dix-neuf ans, il lui avait déjà promis de l'incruster[5] à une soirée, à la fin de la semaine, pour lui faire goûter de la bonne bière. Mélicand racontait ça en nous mitraillant[6] de clins d'œil, avec un sourire canaille[7], comme si Al Capone en personne venait de l'inviter à son anniversaire.

Comparer nos impressions, ça nous rassurait. On a réalisé qu'on possédait un vécu en commun[8] dans ce pays : la forme des toilettes, la quantité de boisson gazeuse ingurgitée[9], l'abondance[10] du petit déjeuner. Je les trouvais de plus en plus sympas, Mélicand et Tarvier. La seule chose qui me chagrinait[11], c'était qu'ils s'acharnent[12] sur Poméline. Alors, profitant de mon statut d'électron libre, j'y suis allé franco[13] :

— Pourquoi vous en avez toujours après[14] Poméline ?

1   échouer chez qn: *fam.* se retrouver chez qn
2   le gars: *fam.* le garçon
3   se mettre en quatre: *fam.* faire un grand effort
4   le gaillard: Kerl
5   incruster qn: *ici* emmener qn
6   mitrailler: bombardieren
7   la canaille: Schurke, Halunke
8   le vécu en commun: gemeinsames Erlebnis
9   ingurgiter: *ici* boire
10   l'abondance *f.*: Fülle
11   chagriner: rendre triste *m./f. adj.*
12   s'acharner sur qn: sich auf jdn stürzen, nicht von jdm ablassen
13   franco: geradewegs, ohne Umschweife
14   en avoir après qn: es auf jdn abgesehen haben

— Ben, c'est pas qu'elle nous embête[1], a répondu Mélicand, mais elle est un peu simplette[2].

— « Un » ? a sifflé l'autre. Moi je la trouve CARRÉMENT simplette : elle sourit tout le temps ! Comment elle fait pour
5 se trimballer[3] en permanence avec ce sourire large comme un port en plein milieu du ? La vie, c'est dur, non ? Moi je dis : cette fille-là, elle comprend rien à la vie.

Sujets d'étude

A. Pendant la lecture

1. Au choix:
   a) Comparez Maroussia et Poméline en tenant compte aussi des chapitres précédents (p. 58, l. 19 – p. 59, l. 3; p. 63, l. 3; p. 64, l. 19 – p. 65, l. 7).
   b) Précisez la position de Maxime et de Poméline parmi les autres élèves.
2. Analysez le comportement de «ceux-qui-ont-tout-compris-à-la-vie» (p. 62, l. 9–24).

B. Après la lecture

1. Renseignez-vous sur le système scolaire en France (→ voir Annexe, p. 118–119). Écrivez un dialogue entre Maxime et son correspondant Tilo dans lequel ils parlent des différences entre les systèmes scolaires en France et en Allemagne.

---

1 embêter qn: *fam.* énerver qn
2 simplet/te *adj.*: einfältig
3 se trimballer: *fam.* herumspazieren

Chapitre 12

On a encore grignoté un sandwich en sortant du collège et
on a filé[1] en ville avec nos corrès.

Ça faisait un peu Français d'un côté, Allemands de
l'autre. Selon les prédictions[2] de Pedro, la fin de l'échange
serait marquée par la traditionnelle séance des adieux,   5
arrosée par des torrents[3] de larmes. On voulait bien le
croire, mais pour l'instant, à part Tarvier et Mélicand qui
avaient contacté avec l'indigène[4] grâce au baby-foot, on
pouvait pas dire que la sauce prenait[5] vite.

On est arrivés devant la mairie : une bâtisse[6] médiévale[7]   10
à colombages[8] que notre prof d'histoire nous aurait sans
doute forcés à admirer. Comme il n'était pas là, on n'a pas
pris le temps de lever les yeux, et on serait passés devant
sans remarquer le chef-d'œuvre si Pedro et monsieur Eichbaum n'en avaient jailli à cet instant. Un grand monsieur,   15
serré dans son costume amidonné[9], les accompagnait.

Pedro nous a présentés au maire de T., qui a baragouiné
quelques mots de bienvenue en français. Un laïus[10] appris
par cœur sur l'importance des échanges franco-allemands
dans l'Europe en construction, sur la jeunesse porteuse   20

---

1   filer: *ici* aller
2   la prédiction: Voraussage
3   le torrent: Sturzbach, Strom
4   l'indigène *m./f.*: Einheimische/r
5   la sauce prend: *fam.* le contact s'établit/s'intensifie
6   la bâtisse: le bâtiment
7   médiéval/e *adj.*: mittelalterlich
8   à colombage: Fachwerk-
9   amidonner: stärken (Wäsche)
10 le laïus: *fam.* le discours

d'avenir, le travail, la liberté, tout le tintouin[1]. Après quoi, il est rentré dans son hôtel de ville avec la mine d'un homme pressé.

➥ *voir Sujets d'étude A1 et A2, p. 68*

5 Pedro a secoué l'épaule de Mélicand, il désignait l'inscription Rathaus sur le fronton[2] du bâtiment :

— Ami Mélicand, on a retrouvé ta « maison du rat » !

Et il est parti en riant, flanqué du petit chêne.

Les Allemands, qui avaient continué à marcher, faisaient le pied de grue[3] devant un magasin de souvenirs. Tilo m'a 10 invité à m'approcher. Ses copains se sont présentés, moi aussi. Ça me rappelait mes premiers dialogues de sixième. « *Wie heißt du ?* » « *Wie alt bist du ?* » « *Wo wohnst du ?* » Etc. Après, ils n'ont pas pu s'empêcher de parler en dialecte et j'ai complètement décroché[4].

15 Ceux-qui-ont-compris-la-vie étaient entrés dans le magasin de souvenirs. Ils en sont ressortis les poches remplies de babioles[5], qu'ils ont exhibées[6] passé le coin de la rue. Pinsolier arborait[7] un collier en dents de requin[8] synthétiques ; Mélicand gonflait des ballons de baudruche[9] 20 en forme de quiquette[10] et les distribuait aux quatre vents ; Tarvier avait seulement réussi à piquer une boule à neige

---

1   le tintouin: *fam. hier* Leier, Kram
2   le fronton: Giebel
3   faire le pied de grue: *fam.* attendre
4   décrocher: *fam.* ne plus faire attention
5   les babioles *f. pl.*: Nippes
6   exhiber: montrer
7   arborer: montrer
8   le requin: Hai
9   le ballon de baudruche: Luftballon
10 la quiquette: *fam.* le pénis

représentant l'église de T. Il ne s'en vantait[1] pas trop parce que, pour un trophée, ça faisait plutôt nullard[2].

Sur la grand-place, on s'est payé des glaces italiennes. Après, ceux-qui-ont-compris-la-vie ont encore écumé[3] les rues pour carotter[4] des babioles chez d'autres commerçants. J'ai demandé à Tilo de me raccompagner parce que je devais appeler maman et écrire un mail à Maroussia. Un mail de rupture, net[5] et précis. Histoire de clarifier la situation une fois pour toutes. Parce qu'il faut savoir assumer[6] ses décisions, même si ça fait mal.

Sujets d'étude

A. Pendant la lecture

1. Dégagez les sujets dont le maire parle dans son discours (p. 66, l. 17 – p. 67, l. 1).
2. Rédigez son discours.

B. Après la lecture

1. Travaillez en groupe. Présentez un souvenir de vacances. Dites où vous l'avez acheté ou trouvé et ce qu'il représente pour vous.
2. Renseignez-vous sur le début et l'importance des échanges scolaires dans les relations franco-allemandes (→ voir Annexe, p. 110). Notez les dates et les noms les plus importants.

1 se vanter de qc: sich einer Sache rühmen, mit etw. angeben
2 nullard/e *adj.*: *fam.* → nul/le *adj.*
3 écumer: plündern
4 carotter: *fam. ici* trouver
5 net/te *adj.*: klar, deutlich
6 assumer: accepter

Chapitre 13

Chère Maroussia,
J'ai été bien accueilli par ma famille allemande et je
découvre des tas de choses intéressantes ici. Je sais
que pour toi l'Allemagne est un « pays de barbares »,
5   *mais quand même, tu devrais venir voir au moins une*
fois, juste une, histoire d'éliminer un peu les clichés
que tu as dans la tête.
D'ailleurs, j'ai quelque chose d'important à t'avouer.
C'est au sujet de ton caractère. Et de nous deux.

10 Pas formidable comme intro[1]. Elle trouvera le début trop
cérémonieux (Chère), et trop enthousiaste (des tas de
choses intéressantes). Quant à la critique sur les clichés...
m'étonnerait que ça la mette dans de bonnes dispositions
pour lire mon aveu[2]. Critiquer Maroussia, c'est encore pire
15 qu'oublier la date de la Saint-Valentin !
Avant tout, soigner[3] le début.

Maroussia,
Il faut que je te dise

Trop théâtral. Faire plus simple.
20 Le problème, c'est que Maroussia n'est PAS simple. Les
mots les plus innocents peuvent la mettre dans tous ses
états[4]. Pour stocker[5] les formulations qui déplaisent à

1   l'intro *f.*: *fam.* → l'introduction *f.*
2   l'aveu *m.*: → avouer
3   soigner qc: auf etw. achten
4   mettre qn dans tous ses états: jdn in helle Aufregung versetzen
5   stocker: speichern

Maroussia, ce n'est pas une mémoire d'éléphant qu'il faudrait, mais celle d'un troupeau[1] d'éléphants ! Alors moi, avec ma pauvre caboche[2] trouée, qu'est-ce que je peux retenir de ses règles et de ses rites et de ses interdits ?

Salut Maroussia,   5

Non. Elle est capable de trouver la formule trop relâchée[3] pour un mail de rupture. C'est la mort assurée à la descente du car.

Hi Maroussia !

Bof ! Même pas sûr qu'elle apprécie beaucoup plus l'anglais   10
que l'allemand. D'ailleurs, va savoir ce qu'elle apprécie. Maroussia, c'est un casse-tête[4] éternel. Si je ne suis même pas capable de lui dire bonjour correctement, je vois pas bien comment lui dire que c'est fini entre nous...

Il reste une seule chose à faire : voler le coussin. Oui. Le   15
voler, comme elle me l'a demandé. Mais pas pour lui obéir en petit chien fidèle, au contraire : pour lui dire adieu ! Ce vol, ce serait la dernière chose que je ferais pour elle. Rompre en héros, offrir le fruit chèrement cueilli[5] à la fille qu'on a aimée, juste avant de lui annoncer que c'est fini... Il   20
n'existe pas de plus belle façon de rompre !

Mais il faut que l'effet de surprise soit absolu. Donc, pour l'instant, surtout, ne rien laisser paraître.

---

1 le troupeau: Herde
2 la caboche: *fam.* la tête
3 relâché/e *adj.*: nachlässig
4 le casse-tête: le problème
5 cueillir: pflücken

Bonjour Maroussia,

*Bien arrivé. Tout roule. Nul ne soupçonne la raison de
ma présence sur le sol germanique. Personne ne sait
que dans trois jours j'interviendrai à Neuschwanstein,*

5 *comme convenu, et que je déroberai pour toi l'oreiller
de Louis II de Bavière.*

Une promesse est une promesse.

@+

Maxime

10 Au diable les pinaillages[1], j'ai cliqué sur envoi. Maroussia
trouvera certainement à y redire, mais qu'y puis-je ? Le ton,
très « agent secret », lui paraîtra désespérément romantique. « Tu vois trop de films ! » elle me jettera, sans réaliser
que cette mission romantique, c'est son idée.

15 Tant pis. J'aurai accompli mon devoir.

Sujets d'étude

A. Pendant la lecture

1. Expliquez pourquoi Maxime se décide finalement
à voler le coussin.

---

1 le pinaillage: Pingeligkeit

Chapitre 14

La mémoire, c'est un véritable bazar, avec ses bibelots, ses tiroirs, ses étagères poussiéreuses[1]. Et au milieu de ce bazar – allez savoir pourquoi –, on trouve des casiers[2] en ordre, tellement propres et neufs que ça paraît louche.

Quand je n'ai pas le droit d'oublier quelque chose, je 5 l'oublie dans l'instant ; ce que je voudrais oublier, en revanche, me remplit la tête... J'ai essayé de me sortir du crâne cette histoire de Neuschwanstein. Pas moyen. Moins j'y pense, plus je m'en souviens. Et plus je m'en souviens, plus je gargouille[3]. Les boissons gazeuses n'y sont pour 10 rien, je crois que j'ai gargouillé dès l'instant où Maroussia m'a confié la mission. Il paraît que la peur agit sur les boyaux et qu'on peut développer un ulcère[4] à force de se ronger les sangs[5]. Un ulcère, c'est une espèce de bouton qui vous pousse à l'intérieur du ventre. Mamie s'est fait opérer 15 l'année dernière : selon le chirurgien, son ulcère avait la taille d'une balle de tennis. Ce sera la faute de Maroussia si on me rapatrie[6] avant la fin du séjour pour m'enlever le ballon qui gonfle dans mon ventre.

La nuit dernière, j'ai encore mal dormi à cause de toutes 20 ces histoires, et cet après-midi ça m'a presque gâché[7] la partie de minigolf. On s'était donné rendez-vous au centre de loisirs. Il y avait une dizaine de Français, autant d'Alle-

1 poussiéreux/-euse *adj.*: staubig
2 le casier: Fach
3 gargouiller: gluckern
4 l'ulcère *m.*: Geschwür
5 se ronger les sangs *m. pl.*: *fam.* vor Angst umkommen
6 rapatrier qn: ramener qn à la maison
7 gâcher: verderben

mands. Les deux clans n'étaient plus aussi distincts[1] qu'hier,
même si on remarquait toujours une forte tendance à parler
français d'un côté et allemand de l'autre. L'ambiance, à l'arrière, restait bon enfant[2]. Par exemple, certains osaient
5 pousser des cris d'enthousiasme lorsqu'ils réalisaient un
bon score. Des cris d'enthousiasme ! Le truc par excellence
de ceux-qui-n'ont-rien-compris-à-la-vie (Tarvier les appelle
aussi les « branquignols[3] »).

Dans le groupe de tête, conduit par ledit[4] Tarvier, on
10 veillait[5] à garder les dents serrées, la bouche en bec[6] et le
regard lointain après un coup satisfaisant[7]. J'ai toujours eu
cette mode en horreur, qui conduit Tarvier et ses camarades
à se comporter en ânes bâtés[8] lorsqu'ils se retrouvent en
groupe. Les garçons poussent des hurlements rauques[9],
15 s'efforcent de casser le maximum de choses (pendant la
partie, ils ont réussi à péter[10] deux lampadaires[11]) ; les filles
crient à vous déchirer les tympans. Mais attention : inter-
diction absolue de rire ! Ceux-qui-ont-compris-la-vie détes-
tent ça ; ils préfèrent ricaner[12]. Et pousser le ricanement bien
20 après l'envie. Le plus fort à ce jeu, c'est Tarvier : il peut tenir plus de quinze secondes sans reprendre sa respiration.

C'est Markus, un petit corrès frisé[13] à lunettes, nerveux en
diable et précis comme un métronome, qui a réalisé le

1 distinct/e *adj.*: séparé/e *adj.*
2 être bon enfant: gutmütig sein
3 le branquignol: *fam.* le fou
4 ledit/ladite *adj.*: besagte(r)
5 veiller à qc: faire attention à qc
6 le bec: Schnabel
7 satisfaisant/e *adj.*: réussi/e *adj.*
8 l'âne bâté *m.*: *fig.* l'idiot *m.*
9 rauque *m./f. adj.*: rau, heiser
10 péter: *fam. ici* détruire
11 le lampadaire: Laterne, Lampe
12 ricaner: hämisch lachen
13 frisé/e *adj.*: mit lockigen Haaren

meilleur score. On le voyait bien, il s'appliquait[1] pour impressionner Loulette. Elle, bien sûr, faisait comme si elle ne voyait rien, mais lorsqu'on a annoncé le score, ses yeux ont quand même laissé filtrer des étincelles[2].

Bantame a terminé second. Bantame est plus grand que Pedro, il est espoir national en natation, personne ne l'embête[3]. Lui aussi, c'est un électron libre. Très peu disponible en dehors des cours à cause de son entraînement biquotidien[4], il choisit le groupe qui lui chante[5], quand ça lui chante. Bantame est dans notre classe sans y être. Ses résultats flirtent avec ceux de Tarvier, mais on ne l'entend jamais se vanter[6]. Il paraît que le sport de haut niveau peut rendre comme ça.

Tarvier, beau joueur, a félicité Markus et Bantame. Mais en rapportant ses cannes, il a explosé un troisième réverbère[7] pour se passer les nerfs. Là, il a croisé le regard de Poméline, posé sur lui. Un regard tranquille, aimable, avec un soupçon de moquerie au fond. J'ai cru qu'il allait l'envoyer balader[8], pour se vidanger les nerfs[9] jusqu'au bout. Mais comme elle le tenait épinglé[10] au bout de son regard tranquille, il a inspiré un grand coup, il a soufflé calmement et il a baissé la tête. Les lobes[11] de ses oreilles sont devenus tout rouges.

---

1   s'appliquer: faire un effort
2   l'étincelle *f.*: Strahlen, Funkeln
3   embêter: énerver
4   biquotidien/ne *adj.*: deux fois par jour
5   chanter à qn: *fam.* plaire à qn
6   se vanter: prahlen, angeben
7   le réverbère: (Straßen)laterne
8   envoyer balader qn: *fam.* jdn zum Teufel jagen
9   se vidanger les nerfs *m. pl.*: *hier* sich abreagieren
10   épingler: *ici* fixer
11   le lobe: (Ohr)läppchen

Sujets d'étude

A. Après la lecture

1. Décrivez le développement de la relation entre
   les élèves allemands et les élèves français en tenant
   compte aussi des chapitres précédents
   (p. 67, l. 10–14; p. 72, l. 23 – p. 73, l. 6; etc.).
2. Examinez le développement de la relation entre
   Tarvier et Poméline en vous référant aussi aux
   chapitres précédents
   (p. 64, l. 19 – p. 65, l. 7; p. 74, l. 14–23).

Chapitre 15

Le lendemain matin, pour préparer la sortie à Neuschwanstein, on nous a réunis dans une grande salle avec une prof d'histoire, également prof de cuisine, de mathématiques et de sport (ici, les profs s'intéressent à plein de choses, ça doit être sympa de discuter avec eux...). 5 C'était une longue femme brune à la voix douce, qui se payait un bon strabisme convergent[1]. Ça lui donnait un certain charme – papi aurait appelé ça une « coquetterie dans l'œil » –, seulement la malheureuse, ignorant nos prénoms, était forcée de nous interroger du regard. Comme 10 on savait jamais qui elle désignait, on répondait pas.

On a quand même appris que le château se trouvait en Bavière et qu'il avait été construit en l'honneur de Wagner par Louis II, un roi complètement siphonné[2], grand bâtisseur de châteaux féeriques. Ce roi vivait reclus[3] au cœur de sa 15 montagne, dans un monde imaginaire. Il avait contracté des dettes[4] épouvantables et, pour finir, il s'était fait destituer[5] par l'empereur, parce qu'il était inapte[6] à gérer[7] son royaume.

Un mystère planait sur les circonstances de sa mort. 20 Noyade[8] ou suicide ? Notre douce brune a souligné en louchant[9] d'un air mystérieux que la vérité était

1 le strabisme (convergent): Schielen (nach innen)
2 siphonné/e adj.: fam. fou/folle adj.
3 reclus/e adj.: isolé/e adj.
4 les dettes f. pl.: Schulden
5 destituer: absetzen, entlassen
6 inapte m./f. adj.: incapable m./f. adj.
7 gérer: diriger
8 la noyade: → se noyer, mourir dans l'eau f.
9 loucher: schielen

certainement connue de quelques-uns et transmise dans l'ombre, de génération en génération. Pourtant, nul ne la dévoilerait[1] : entretenir le mystère accroissait[2] l'intérêt de ce lieu visité chaque année par un bon million de touristes.

➼ voir Sujets d'étude A1, p. 78

5 Après, je n'ai plus suivi ce qui se disait. Le manque de sommeil se faisait sentir. La tête me tournait, je respirais difficilement. Mélicand, qui somnolait[3] à côté de moi, n'a eu que le temps de me rattraper au moment où je me suis évanoui[4].

10 Quand j'ai repris mes esprits, plusieurs visages étaient penchés sur moi.

— Ça va, Roussin ? Tu tiens plus sur ta chaise ?

Poméline s'est proposée pour m'accompagner à l'infirmerie. Tarvier est venu en renfort[5], au cas où je m'évanoui-
15 rais une nouvelle fois. Histoire de crâner[6], il a dit :

— Le pauvre, il supporte plus la séparation avec Maroussia.

Mais comme ses copains n'étaient pas là et que ça n'a pas fait rire Poméline, il a baissé la tête, tout morveux[7] de
20 s'être pris un vent[8]. Les lobes de ses oreilles sont devenus encore plus rouges qu'au minigolf.

L'infirmière m'a donné du sucre et un verre d'eau, puis elle m'a reconduit dans le couloir en caressant[9] ma brosse[10] un peu aplatie. Tarvier et Poméline discutaient, assis par

1 dévoiler: enthüllen
2 accroître: rendre plus grand
3 somnoler: dormir à demi
4 s'évanouir: ohnmächtig werden
5 en renfort: als Verstärkung
6 crâner: *fam.* angeben, eine Show abziehen
7 morveux/-euse *adj.*: *fam.* verschnupft
8 se prendre un vent: *fam.* être ignoré/e
9 caresser: streicheln
10 la brosse: Bürsten(haar)schnitt

terre au pied du mur. Elle blaguait[1] à toute allure[2] ; lui écoutait, noué[3] comme une pelote[4] de fil de pêche[5], l'air franchement embêté de se retrouver seul avec Poméline. Elle le traitait comme s'il s'était toujours montré amical envers elle, et je parie[6] que ça, ça le mettait hors de lui. 5

➤➤ *voir Sujets d'étude A2, p. 78*

C'est peut-être sale, ce que j'ai fait, mais je n'avais aucune envie de parler. Je les ai laissés sur leur banc, en prétextant[7] que je devais voir Pedro de toute urgence. J'ai filé[8] en direction de la salle des profs et, au premier coude du couloir, j'ai pris un escalier qui menait dans la cour. 10

Sujets d'étude

A. Pendant la lecture

1. Résumez en allemand ce que vous avez appris sur le château de Neuschwanstein et le roi Louis II.
2. Continuez l'analyse de la relation entre Tarvier et Poméline.

---

1 blaguer: plaisanter
2 à toute allure: in voller Fahrt
3 noué/e *adj.*: verknotet, *hier* verkrampft
4 la pelote: Knäuel
5 le fil de pêche: Angelschnur
6 parier: wetten
7 prétexter: vorgeben
8 filer: *ici* aller, partir

Chapitre 16

Samedi après-midi, les Roos m'ont emmené dans un établissement thermal. J'avais toujours cru ce genre d'endroit réservé aux vieux, qui viennent y réchauffer leurs rhumatismes, avec leurs bonnets de bain[1] deux fois trop
5 grands et leurs serviettes marron. Au lieu de ça, des familles entières patientaient devant le guichet[2], toutes générations confondues, à la queue leu leu[3].

Au sortir de ma cabine, une petite main m'a conduit vers les casiers. C'était Mickie, la sœurette, qui en maillot[4]
10 n'avait plus du tout l'air d'une sœurette, mais d'un frérot[5] ! Tandis que je regardais alternativement Tilo et Mickie en me demandant qui s'était moqué de moi jusqu'ici, le (nouveau) petit frère a saisi mon panier[6], l'a enfourné[7] dans un casier, m'a collé la clé dans la main et m'a entraîné au
15 bord de l'eau.

Il y avait une multitude de bassins, de tailles et de formes différentes. Piscines à vagues, bains d'eau chaude, bains d'eau froide, piscines à bulles. Certains bassins communiquaient par[8] des couloirs sinueux[9], dont plusieurs débou-
20 chaient[10] à l'air libre en exhalant une vapeur[11] féerique. Au

---

1 le bonnet de bain: Badekappe
2 le guichet: Schalter
3 à la queue leu leu: im Gänsemarsch
4 le maillot: *hier* Badehose
5 le frérot: → le frère
6 le panier: Korb
7 enfourner: mettre
8 communiquer par qc: être relié/e par qc
9 sinueux/-euse *adj.*: gewunden, verschlungen
10 déboucher: münden
11 la vapeur: Dampf

petit bain, une fille et un garçon s'aspergeaient à grands
éclats de rire ; j'ai mis un moment pour réaliser que ces
éclats de rire sonnaient en français et pour reconnaître Poméline et Tarvier.

Quand il m'a aperçu, Tarvier a baissé la tête ; son sourire 5
s'est évaporé[1]. Il s'est approché de moi en adoptant son plus
bel air de chien battu.

— On dirait que vous vous amusez bien, tous les deux !
j'ai dit en lui tapant sur l'épaule.

— Tu parles ! il a marmonné entre ses dents. Les parents 10
de mon corrès sont amis avec la famille d'accueil de
Poméline. Il faut que je me la coltine tout l'après-midi.

— Bah ! t'avais pas l'air traumatisé quand je suis arrivé.

Il a rien répondu. C'était un peu à moi de le taquiner[2].

Poméline m'avait aperçu. Elle avançait dans ma direction 15
avec de l'eau plein la bouche et des yeux malicieux. Avant
qu'elle ne m'asperge, j'ai filé à la poursuite de Mickie. Le
petit frère, impatient de sauter à l'eau, avait continué loin
devant.

Comme je débouchais[3] dans la salle où la famille Roos 20
avait choisi de se poser, étalant sacs de pique-nique et
rabanes[4] devant une immense baie vitrée[5], j'ai croisé Pedro,
une créature alanguie[6] pendue à son bras.

— Mais voici l'ami Maxime ! Décidément, c'est le
rendez-vous des élèves ici ! Je te présente Barbara. 25

La dame m'a adressé un large sourire. Malgré ses lunettes noires, j'ai reconnu la prof qui nous avait briefés[7] sur
Neuschwanstein. J'aurais peut-être dû les laisser profiter

---

1 s'évaporer: disparaître
2 taquiner: necken, ärgern
3 déboucher: *ici* arriver
4 la rabane: Bastkorb
5 la baie vitrée: la grande fenêtre
6 alangui/e *adj.*: schmachtend, verführerisch
7 briefer: informer

tranquilles de leur week-end, mais il fallait absolument que je comprenne cette histoire de sœurette devenue frérot. J'ai tout raconté à Pedro. Comme avec Mélicand dans le car, il a commencé par s'esclaffer[1] comme une baleine[2], puis il m'a
5 expliqué qu'il existait en allemand un mot sans équivalent en français : *Geschwister,* qui signifie à la fois « frère » et « sœur ». Sur le formulaire de présentation que m'avait envoyé Tilo, j'avais tout simplement confondu avec *Schwester* « sœur ». Quant au prénom « Mickie », c'est le diminutif de
10 « Michael ».

Oui.

C'était sans doute l'explication.

J'ai remercié Pedro.

— Les fautes que nous commettons nous éclairent sur le
15 fonctionnement d'une langue ! a prononcé le pédagogue en s'éloignant au bras de la créature, qui pouffait de rire[3]... Pour l'anecdote ou pour ce prof qui ne pouvait s'empêcher, même en week-end, d'assener[4] des sentences[5] didactiques ?

➼ *voir Sujets d'étude A1 et A2, p. 84*

Après la première baignade, on a grignoté des sandwichs et
20 je me suis allongé sur ma chaise longue pour digérer[6]. J'ai fermé les yeux. Ça bourdonnait[7] autour de moi. Ces conversations en allemand, ces cris d'enfants, ces phrases incompréhensibles dont seule demeurait la musique sont devenus menaçants. L'intérieur de mon crâne aussi bourdonnait.
25 J'accusais les nuits de mauvais sommeil ; la réalité se mêlait

---

1 s'esclaffer: commencer à rire; *hier* losprusten
2 la baleine: Wal
3 pouffer de rire: *fam.* commencer à rire
4 assener: donner
5 la sentence: Spruch
6 digérer: verdauen
7 bourdonner: brummen, summen

à des pensées saugrenues[1], décalées[2], désagréables. Maroussia, flanquée de la harpie[3] gothique, se dressait au-dessus de moi. On aurait dit des sœurs jumelles. Leurs ongles avaient encore poussé, leurs regards brûlaient d'un feu mauvais. 5

— Alors, comme ça, criaillait[4] Maroussia, tu as décidé de me laisser tomber ?

Elle se tournait vers la harpie, qui acquiesçait[5] à ma place en lui jetant un regard d'intelligence[6]. Maroussia continuait : 10

— On me dit que tu n'aimes pas mon coussin ? Que j'ai des goûts de chiotte[7] ? On raconte même que tu songes à me l'offrir en cadeau de rupture ? Tsk, tsk, Maxime ! C'est pas beau, tu sais, de critiquer sa chérie !

Elle s'approchait encore ; ses doigts, tout près de mes 15 joues, remuaient comme des serpents.

➜➜ *voir Sujets d'étude A3, p. 84*

Tilo et Mickie m'ont secoué. J'ai ouvert les yeux, les créatures avaient disparu. Les deux frères ont essayé de me tirer jusqu'à l'eau. Je me suis cramponné[8] à ma chaise longue, j'ai marmonné que je ne me sentais pas en forme. 20 Ils ont râlé[9] en dialecte et ils ont filé. J'allais refermer les yeux lorsqu'une autre main m'a tiraillé l'épaule. C'était Tarvier :

---

1 saugrénu/e *adj.: fam.* albern, hirnrissig
2 décalé/e *adj.:* ungewöhnlich, unerwartet
3 la harpie: Harpyie (Greifvogelart; Fabelwesen der griechischen Mythologie)
4 criailler: → crier
5 acquiescer: zustimmen
6 le regard d'intelligence *f.:* verschwörerischer Blick
7 la chiotte: *fam.* les toilettes *f. pl.*
8 se cramponner: sich festklammern
9 râler: meckern, murren

— Roussin, on a dégotté[1] un ballon ! Tu viens faire un petit water-polo ?

Comme je réagissais mollement[2], Poméline a soufflé :

— Laisse-le tranquille, tu vois bien qu'il se repose. Ça
5 fatigue d'entendre parler allemand toute la journée.

Ils se sont éloignés, j'ai refermé les yeux. Ils ont dû s'installer à proximité[3] pour jouer, parce que pendant un moment j'ai entendu leurs exclamations. Après, j'ai dormi d'un sommeil sans rêves.
10

Quand j'ai ouvert les yeux, le jour avait baissé. Mes trolls pliaient bagage[4] en chuchotant pour ne pas me déranger. Je me suis assis sur ma chaise longue en adoptant l'air le plus penaud[5] que je pouvais. Ils ont éclaté de rire et ils ont
15 continué à ranger les affaires.

---

1 dégot(t)er: *fam.* trouver
2 mollement *adv.*: träge
3 à proximité: à peu de distance
4 plier bagage: zusammenpacken, aufbrechen
5 penaud/e *adj.*: kleinlaut

Sujets d'étude

A. Pendant la lecture

1. Décrivez le malentendu de Maxime concernant Mickie, le frère de son correspondant (p. 79, l. 8–15; p. 81, l. 1–12).
2. «Les fautes que nous commettons nous éclairent sur le fonctionnement d'une langue!» (p. 81, l. 14).
   Expliquez cette citation en donnant des exemples.
3. Résumez et analysez le cauchemar de Maxime (p. 82, l. 1–16).

B. Après la lecture

1. Racontez des anecdotes de votre vie lorsque vous avez mal entendu quelque chose (dans une langue étrangère ou dans votre langue maternelle).
2. Souvenez-vous des rêves que vous avez faits comme enfant? Racontez-les.

Chapitre 17

Le dimanche, les Roos m'avaient concocté[1] une sortie à la vallée du Danube[2]. « Ce fleuve majestueux, qui traverse plusieurs pays avant de se jeter dans la mer Noire, prend naissance dans un écrin de verdure[3] », aurait déclamé notre
5 prof d'histoire-géo. Et en effet, à Donaueschingen, depuis cette plate-forme rocheuse[4] au sol poli[5] sous le pas des touristes, on domine certainement l'une des vallées les plus grandioses du monde. Une cuvette[6] moussue[7], surplombée[8] de falaises, au fond de laquelle le Danube, encore fluet[9],
10 apparaît puis disparaît en plusieurs endroits comme un enfant qui jouerait à cache-cache[10].

Le soir, Tilo m'a fait écouter ses groupes de hard-rock préférés. En sa présence, les hirsutes[11] patibulaires[12] m'intimidaient moins ; leurs regards, sans être devenus am-
15 icaux, ne traversaient plus la surface glacée des posters. Il y avait une chanson intitulée *The rime of the ancient mariner*, d'Iron Maiden[13] je crois, adaptée d'un texte romantique. Tilo s'est escrimé[14] à me l'expliquer, traduisant tantôt en fran-

1 concocter: préparer
2 le Danube: Donau
3 l'écrin *m.* de verdure: grünes Schatzkästchen, grünes Paradies
4 rocheux/-euse *adj.*: felsig
5 polir: polieren
6 la cuvette: Becken
7 moussu/e *adj.*: moosbewachsen
8 surplomber: überragen
9 fluet/te *adj.*: schmal, zart
10 jouer à cache-cache: Verstecken spielen
11 hirsute *m./f. adj.*: zerzaust, zottelig
12 le patibulaire: *hier* finstere Gestalt
13 Iron Maiden: un groupe de heavy metal britannique
14 s'escrimer: sich abmühen

çais, tantôt en allemand, avec force gestes et mimiques.
C'était l'histoire d'un marin[1] qui tue un albatros et qui est
poursuivi par une malédiction[2]. Les guitares parviennent à
exprimer le calme, les grincements[3] du navire[4] errant sur la
mer plate, puis, en un long crescendo, elles traduisent la   5
tempête ; c'est alors la fureur[5] de l'océan déchaîné[6] qu'on
entend, c'est la détresse[7] du marin, condamné à rester seul
en vie au milieu des cadavres de ses compagnons, afin
d'expier[8] sa faute.

Ça me donnait des frissons[9], je trouvais ça plutôt bien.   10
Mais quand Tilo est allé chercher un autre album d'Iron
Maiden pour me faire écouter une chanson, géniale selon
lui, intitulée *Fantom of the opera,* je lui ai fait comprendre
qu'il y en avait assez des histoires de fantômes et de
malédiction romantique. J'étais fatigué et j'avais peur de   15
cauchemarder[10] toute la nuit.

Avant de me coucher, j'ai squatté[11] un moment l'ordinateur dans la chambre des garçons pour voir si Maroussia ne
m'avait pas répondu. Hélas non ! Si on exceptait douze
spams, cinq pétitions et deux canulars[12], ma boîte aux lettres   20
restait désespérément vide.

1	le marin: Seemann
2	la malédiction: Fluch
3	le grincement: Quietschen
4	le navire: le bateau
5	la fureur: → furieux/-euse *adj.*
6	déchaîné/e *adj.*: entfesselt
7	la détresse: Verzweiflung
8	expier qc: für etw. büßen
9	le frisson: Schauder, Zittern
10	cauchemarder: faire un mauvais rêve
11	squatter: occuper
12	le canular: *fam.* la blague, la plaisanterie

Sujets d'étude

A. *Pendant la lecture*

1. À partir des chapitres 16 et 17 résumez le week-end de Maxime avec la famille Roos.

B. *Après la lecture*

Au choix:

1. Choisissez dans votre région un endroit que vous aimeriez présenter à votre correspondant/e et préparez une présentation de 5 minutes.

2. Décrivez votre musique préférée et résumez le contenu d'une chanson que vous aimez bien.

Chapitre 18

Ce matin, en partant pour Neuschwanstein, j'étais dans la brume[1]. Une conversation très violente avec la harpie gothique m'avait occupé une partie de la nuit. Elle criait que ce n'était plus la peine d'aller chercher le coussin, que Maroussia n'accepterait pas d'aumône[2]. Elle me ferait payer 5 cher d'avoir voulu casser : dès mon retour, je ramperais[3] de nouveau à ses pieds !

Dans le car, chacun a raconté son week-end. Plusieurs d'entre nous s'étaient rendus aux chutes du Rhin[4], à Schaffhausen ; à les entendre, ça valait mieux que le Niagara. 10 D'autres s'étaient baladés sur les bords du lac de Constance, d'autres encore avaient visité Stuttgart, la plus grande ville de la région. On avait vu beaucoup de choses et on en déroulait[5] le fil comme une longue suite de trophées.

Mélicand était malade parce qu'il avait voulu suivre le 15 frère de son corrès à la bière : l'autre pouvait descendre ses six litres dans la soirée. C'était pas pour rien qu'à dix-neuf ans, dixit[6] Mélicand, il avait déjà le bidon[7] renflé[8] d'un quinquagénaire[9]. En tout cas, on ne le reprendrait pas, lui, à se remplir la barrique[10] d'eau savonneuse[11]. 20

---

1 la brume: Dunst, Nebel
2 l'aumône f.: Almosen
3 ramper: kriechen
4 les chutes f. pl. du Rhin: Rheinfall (größter Wasserfall Europas)
5 dérouler: abrollen, abspulen
6 dixit: lat. a dit
7 le bidon: fam. le ventre
8 renflé/e adj.: aufgebläht, gewölbt
9 le quinquagénaire: une personne âgée de cinquante ans
10 la barrique: Fass
11 savonneux/-euse adj.: hier schäumend

Tarvier, sous l'influence de Poméline, n'émettait plus d'ondes négatives. L'enthousiasme était en train de gagner l'ensemble du groupe. Mélicand et Pinsolier, que Loulette avait délaissés pour fricoter[1] avec Markus, essayaient bien
5 de lancer des cris rauques et des ricanements[2] cyniques, mais le cœur n'y était pas. On aurait dit que, d'un seul coup, avoir-compris-la-vie était devenu ringard[3].

Ça bruissait[4] autour de moi, ça criaillait[5], j'étais partagé entre l'envie qu'ils se taisent et celle de me noyer dans ce
10 vacarme[6].

Tarvier m'a secoué[7] :

— Roussin, regarde là-bas, nom de Dieu ! C'est la Bavière ! Tu te rends compte ? La Bavière !

Il me désignait, au loin, des montagnes majestueuses
15 plantées d'épaisses forêts, enneigées jusqu'à mi-hauteur. Et il répétait : « La Bavière ! » C'était beau, d'accord, mais je ne voyais pas ce que ça pouvait lui faire, à Tarvier, que les montagnes soient si belles. Ni ce qui lui prenait de répéter « La Bavière ! » comme si brusquement ses papilles[8] décou-
20 vraient la saveur[9] du mot.

Poméline avait bien travaillé avec notre Tarvier...

J'ai refermé les paupières. Une somnolence[10] malsaine[11] m'a envahi. J'ai rêvé à plusieurs reprises que je volais le coussin.

---

1   fricoter avec qn: *fam.* etw. mit jdm haben
2   le ricanement: Gelächter
3   ringard/e *adj.*: *fam.* altmodisch
4   bruire: summen, rauschen
5   criailler: crier
6   le vacarme: le bruit
7   secouer: schütteln
8   la papille: Geschmacksnerv/-knospe
9   la saveur: le goût
10   la somnolence: Schläfrigkeit
11   malsain/e *adj.*: krankhaft

Maroussia était là, qui épiait[1] mes faits et gestes. Parfois, le vieux marin, chevelu-cuirassé-clouté[2] comme s'il était devenu un membre d'Iron Maiden, s'introduisait dans mon rêve. Il m'accusait d'avoir noyé le roi de Bavière. Et, derrière tout ça, les guitares électriques se déchaînaient[3], le ciel 5 zébré[4] d'éclairs crachait un déluge[5] d'eau glaciale, la police me cueillait tout tremblotant, gelé jusqu'aux os[6]. Le guitariste plaquait[7] deux derniers accords et, dans le silence qui envahissait mon cachot[8], j'entendais s'élever le ricanement du vieux marin. 10

On est arrivés sur le parking. Le château se dressait de toute sa hauteur sur fond de montagnes enneigées, lançant vers le ciel parcouru de nuées[9] blanchâtres ses tours coiffées de petits bonnets[10] pointus[11], tout propres. On reconnaissait bien le modèle dont Walt Disney s'était inspiré pour 15 Blanche-Neige, mais ça ne me le rendait pas sympathique pour autant.

Un éblouissement[12]. Comme un flash devant les yeux. J'ai dû vaciller[13] parce que Bantame m'a récupéré dans ses bras. Le groupe, conduit par Pedro, s'était déjà mis en 20 marche. Il s'étirait[14] sur la petite route qui grimpe au château.

---

1 épier: observer
2 chevelu-cuirassé-clouté: langhaarig, in Leder und Nieten gekleidet
3 se déchaîner: toben
4 zébré/e *adj.*: gestreift
5 le déluge: Sintflut
6 l'os *m.*: Knochen
7 plaquer: *hier* anschlagen
8 le cachot: Kerker
9 la nuée: le nuage
10 le bonnet: Mütze
11 pointu/e *adj.*: spitz
12 l'éblouissement *m.*: Flimmern
13 vaciller: taumeln, wanken
14 s'étirer: sich erstrecken

Tarvier et Poméline me regardaient d'un air apitoyé[1].

— Qu'est-ce qu'il peut bien avoir, notre Roussin ? Tu serais pas allergique aux bulles[2] ? Ou à la charcuterie ?

Je me suis senti soulevé de[3] terre ; Bantame m'avait pris
5   sur son dos et il avançait vaillamment[4] à la suite des autres.

— On va rien dire à Pedro, Roussin. S'il nous demande ce qui se passe, on lui expliquera que c'est un jeu. Faudrait pas que tu loupes[5] le château de Neuschwanstein, quand même !

10   Il en avait de drôles, Bantame ! J'aurais voulu le voir, malgré ses muscles, face à Maroussia en pleine crise de nerfs... Bien entendu, il était hors de question que je loupe la visite !

Quand je me suis réveillé, on redescendait vers le parking.
15   Bantame grinçait[6] et soufflait comme un autobus, mais il ne m'avait pas lâché. Tarvier et Poméline se tenaient par la main. Le soleil avait chassé les nuages, l'air était printanier[7], la nature nous faisait la fête. Pour un peu, les sept nains[8] seraient sortis du bois et nous auraient accompagnés en
20   chantant jusqu'au car. La visite était terminée depuis longtemps.

J'ai pensé que le sommeil, en m'appuyant sur la nuque[9] au bon moment, m'avait évité une belle bêtise. Ça avait dû

---

1   apitoyé/e *adj.*: mitleidig
2   la bulle: Blase
3   soulever de qc: hochheben von etw.
4   vaillant/e *adj.*: énergique, courageux/-euse *adj.*
5   louper: *fam.* verpassen
6   grincer: knirschen
7   printanier/-ière *adj.*: → le printemps
8   le nain: Zwerg
9   la nuque: Nacken

en faire marrer[1] plus d'un, de voir Bantame me trimballer[2] sur son dos, endormi, à travers les salons d'apparat[3] !

Tranquille comme Basile[4], j'ai repiqué un petit somme[5]. Rentrer au bercail[6] sans le coussin, ça valait mieux que tous les discours du monde. Ça signifiait la répudiation[7] immé- 5 diate par Maroussia, l'arrêt définitif de notre relation. La fin de tous mes embêtements[8], quoi.

Sujets d'étude

A. Pendant la lecture

1. Résumez l'excursion à Neuschwanstein.
2. Expliquez dans quelle mesure l'ambiance dans le groupe a changé en comparaison du début de l'échange. Faites aussi référence à Tarvier et Poméline.
3. Expliquez pourquoi le sommeil de Maxime lui a «évité une belle bêtise».

B. Après la lecture

1. Présentez une attraction en France que vous aimeriez visiter un jour. Expliquez ce qui vous intéresse dans cette attraction.

---

1 faire marrer qn: *fam.* faire rire qn
2 trimballer: *fam.* porter
3 d'apparat *m.*: prunkvoll, Prunk-
4 tranquille comme Basile: très calme *m./f. adj.*, très tranquille *m./f. adj.*
5 repiquer un petit somme: se rendormir
6 rentrer au bercail: rentrer chez soi
7 la répudiation: Verstoßung
8 l'embêtement *m.*: *fam.* le problème

Chapitre 19

Le lendemain, j'étais en pleine forme en montant dans le car.

Nous avons eu droit aux adieux larmoyants[1] annoncés par Pedro. Un cercle mêlé de corrès français et allemands
5 s'était formé au milieu du parking. On ne se lâchait plus, on sanglotait[2] à l'unisson[3]. Ça ressemblait à l'accolade[4] d'une équipe de rugby juste avant de lancer son cri de guerre, sauf que là, au lieu d'un cri de guerre, il y avait un long silence triste, entrecoupé de soupirs de détresse. Mélicand,
10 peu rancunier[5], donnait une longue poignée de main[6] au frère de son corrès. Le frangin[7], hilare, se tapait sur la bedaine[8] avec son autre main. Markus, le petit frisé champion de minigolf, pleurait dans les bras de Loulette, qui en faisait autant. On avait beau se dire qu'on se reverrait
15 en France, dans cinq semaines, pour la seconde partie de l'échange, l'attente paraissait insurmontable.

Toute la famille Roos avait tenu à m'accompagner ce matin. Leur gaieté n'avait pas disparu mais, sur leurs sourires, un voile[9] s'était posé. Leurs voix vibraient douloureu-
20 sement et chaque éclat qui franchissait leurs lèvres retombait sur le bout de leur menton[10]. Mickie s'est avancé vers

---

1   larmoyant/e *adj.*: rührselig, tränenreich
2   sangloter: schluchzen
3   à l'unisson *m.*: einstimmig
4   l'accolade *f.*: Umarmung
5   rancunier/-ière *adj.*: nachtragend
6   la poignée de main: Händedruck
7   le frangin: *fam.* le frère
8   la bedaine: Wampe
9   le voile: Schleier
10 le menton: Kinn

moi, fier comme un coq dans sa tenue de footballeur. Il m'a remis un paquet volumineux.

Il a fallu que le chauffeur klaxonne pour disperser[1] tout ce petit monde. J'ai envoyé des baisers, puis j'ai gravi[2] les marches en serrant le paquet contre moi. Une fois installé, 5 j'ai écarté le rideau ; j'ai eu le temps d'apercevoir derrière les Roos, qui agitaient leurs mains en arborant un rictus[3] contrit[4], l'ami Volker arrivant à grandes enjambées et moulinant[5] l'air avec ses longs bras pour me dire adieu.

Mon mal de ventre avait disparu, et les quantités de Spezi 10 que j'ai pu boire dans le car n'y ont rien changé. De gargouillis, plus le moindre souvenir !

J'ai ouvert le paquet. Il contenait l'intégrale[6] d'Iron Maiden présentée dans un coffret en bois ouvragé spécialement pour moi par le père de Tilo. Il y avait aussi un coussin, 15 neuf, propre, avec un cœur brodé[7] par maman Roos. Je n'ai pas compris pourquoi ils en avaient tous après les coussins...

Sujets d'étude

A. Après la lecture

1. Écrivez des bulles pour exprimer les pensées des élèves lors du départ et comparez-les à celles de l'arrivée (chapitres 5 et 6).

---

1 disperser: zerstreuen
2 gravir: monter
3 le rictus: Grinsen
4 contrit/e *adj.*: triste *m./f. adj.*
5 mouliner: mahlen; *hier* mit den Armen rudern
6 l'intégrale *f.*: l'édition *f.* complète
7 broder: sticken

Chapitre 20

À l'arrivée, Maroussia était là, sur le parking, au milieu des parents et enfants qui piaffaient[1] parce que le car avait pris du retard à cause de la neige en Forêt-Noire.

J'ai respiré un grand coup, je suis descendu sans jeter un
5 œil aux alentours, j'ai marché droit vers elle, sans trembler, mes yeux plantés dans les siens, maître de mon corps depuis la pointe des cheveux jusqu'au bout des doigts de pied. Je le sentais, j'étais enfin prêt à lui dire qu'elle pouvait se tamponner pour[2] le coussin ; je trouvais carrément idiot
10 d'avoir envisagé ça comme une épreuve insurmontable. C'est au moment d'ouvrir la bouche que j'ai aperçu ses mains, tendues vers moi, ses mains aux ongles coupés ras[3], encore plus ras que les miens. Elle souriait, s'approchait elle aussi, en minaudant[4], le visage empourpré[5], les yeux
15 pétillants[6]. Ils ont pétillé comme un feu d'artifice quand elle a écarté les pans[7] de sa veste : dessous, elle portait le maillot de l'équipe d'Allemagne !

Elle s'est pelotonnée[8] tout contre moi. Elle sentait bon la vanille, elle était plus douce qu'un édredon[9] de plume.

---

1 piaffer: *ici* attendre avec impatience
2 se tamponner pour qc: *fam. hier* sich etw. abschminken
3 ras/e *adj.*: court/e *adj.*
4 minauder: kokettieren, flirten
5 empourpré/e *adj.*: rougi/e *adj.*
6 pétillant/e *adj.*: brillant/e *adj.*
7 le pan: Zipfel, Teil
8 se pelotonner contre qn: sich an jdn kuscheln
9 l'édredon *m.*: Daune

— J'ai reçu ton mail, c'est gentil d'avoir pensé à ta chérie. Je voulais te répondre mais mon ordi[1] a bogué[2]. Au fait, c'était quoi cette histoire de coussin ?

J'étais soufflé ! J'avais pris ses mains dans les miennes, je caressais le bout de ses doigts, mécaniquement. J'ai 5
bredouillé[3] :

— Rien, un petit délire[4] perso.

Elle m'a frictionné[5] les cheveux, puis elle a dit à mes parents :

— Je vous le rends. 10

Et elle s'est échappée, aussi légère qu'un soupir, en laissant un souvenir de vanille dans mon cou.

Maman a commencé par me faire les gros yeux parce qu'elle aurait attendu un petit coup de fil le matin, avant le départ, et puis elle m'a laissé l'embrasser sans rechigner[6]. 15
Papa regardait, l'air amusé, Maroussia qui s'éloignait. Lui, apparemment, il la trouvait rigolote[7].

Autour de nous, la scène valait le détour. La mère de Tarvier pleurait comme une fontaine ; Tarvier, en cow-boy que son périple[8] aventureux a rendu sage, s'est approché 20
sans ricaner et il a posé un baiser sur son front. Loulette pleurnichait[9] encore à cause de l'absence de Markus. Ses parents mettaient ses larmes sur le compte de l'émotion, ils lui tapaient dans le dos en disant que c'était fini, maintenant, ce qui la faisait pleurer deux fois plus. Quant à Pedro, il a 25

---

1 l'ordi *m.*: → l'ordinateur *m.*
2 boguer: tomber en panne
3 bredouiller: stottern
4 le délire: Delirium, Wahn(vorstellung)
5 frictionner: *hier* durchwuscheln
6 rechigner: sich sträuben
7 rigolo/te *adj.*: amusant/e *adj.*
8 le périple: le voyage
9 pleurnicher: → pleurer

poussé un grand soupir après nous avoir recomptés[1] pour la dernière fois.

Le coussin, je l'ai offert à mon chat.

   On dirait qu'il apprécie[2]. Il lui donne des coups de griffe,
5 le mordille[3], le jette aux quatre coins du salon. C'est un coussin vraiment horrible, avec des dorures[4] en relief qui arrachent[5] la peau des oreilles si on appuie la tête dessus. Mais les chats n'ont pas la notion[6] du kitsch et la peau de leurs oreilles est moins vulnérable[7] que la nôtre.

10   Le soir, quand je me projette le visage de Maroussia, ça me fait tout drôle. J'ai l'impression d'avoir trouvé une nouvelle copine en revenant d'Allemagne. Plus besoin de retoucher son visage pour l'adoucir[8], ni de lui dessiner un sourire.

15   Je me pose juste une question : combien de temps une fille comme Maroussia résistera-t-elle au besoin de se laisser repousser les ongles ?

---

1   recompter: compter de nouveau
2   apprécier: aimer bien
3   mordiller: knabbern
4   la dorure: Vergoldung; goldene Borde
5   arracher: losreißen, wegreißen
6   avoir la notion de qc: Ahnung von etw. haben
7   vulnérable *m./f. adj.*: verwundbar
8   adoucir: rendre plus doux/-ce

Sujets d'étude

A. Pendant la lecture

1. Examinez l'attitude de Maroussia envers Maxime et comparez-la à celle du début du roman (chapitres 1, 2 et 4).

B. Après la lecture

1. Après le retour en France, Pedro demande à ses élèves de décrire leurs impressions et leurs souvenirs de l'échange. Choisissez un personnage et racontez l'échange selon sa perspective.

2. Dans cinq semaines, la visite des élèves allemands en France aura lieu. Travaillez en groupe. Imaginez comment se développera la visite de Tilo chez la famille de Maxime, la relation entre Maroussia et Maxime, celle de Poméline et Tarvier et celle de Loulette et Marcus.

Annexe

Repères chronologiques

1870 Pendant la guerre franco-prussienne de 1870/71 les troupes allemandes conquièrent[1] l'Alsace et la Lorraine.

1914 Début de la Première Guerre mondiale. Après la défaite[2] de l'Allemagne en 1918, l'Alsace et la Lorraine redeviennent françaises.

1939 – 45 Deuxième Guerre mondiale.

1950 Robert Schuman, ministre français des Affaires étrangères, propose à la République fédérale d'Allemagne (RFA) de « placer l'ensemble de la production franco-allemande de charbon[3] et d'acier[4] sous une Haute Autorité commune, dans une organisation ouverte à la participation des autres pays d'Europe » (déclaration du 9 mai 1950).

1951 Signature à Paris entre la République fédérale d'Allemagne (RFA), la France, la Belgique, l'Italie, les Pays-Bas et le Luxembourg du traité instituant la Communauté européenne du charbon et de l'acier (CECA,18 avril).

1957 Traités de Rome instaurant[5] la Communauté économique européenne (CEE).

1962 Visite officielle du chancelier Adenauer en France (5–8 juillet), visite officielle du président de Gaulle en RFA (4–9 septembre).

1963 La France et l'Allemagne signent à Paris le traité[6] sur la coopération franco-allemande (ou

---

1 conquérir: erobern
2 la défaite: Niederlage
3 le charbon: Kohle
4 l'acier *m.*: Stahl
5 instaurer: *hier* gründen
6 le traité: Vertrag

traité d'amitié franco-allemand, dit *Traité de l'Élysée)* ainsi qu'une déclaration commune (22 janvier). À cette occasion est créée l'Office franco-allemand pour la Jeunesse (OFAJ).

1972   Signature à Paris de la convention concernant l'établissement de lycées franco-allemands et portant création du baccalauréat franco-allemand.

1984   À Verdun, le chancelier Kohl et le président Mitterrand rendent hommage[1] aux soldats tombés durant les deux guerres mondiales (22 septembre).

2003   40ᵉ anniversaire de l'Élysée ; le 22 janvier devient dans les deux pays la journée de l'amitié franco-allemande.

---

1 rendre hommage à qn: jdn ehren, würdigen

Les Allemands et les Français en caricature

Sujets d'étude

1. Décrivez le dessin ci-dessus et formulez son message.
2. Selon Jean-Claude Gardes, l'image que nous avons du pays voisin est en grande partie déterminée par les dessins des caricaturistes. Expliquez cette idée en faisant référence à la caricature suivante.

Astérix et Obélix présentent les Gaulois[1]

Goscinny/Uderzo, La Grande Traversée, p. 26

Sujets d'étude

1. Comparez les idées reçues sur les Français présentées dans cet extrait d'«Astérix», avec celles que vous connaissez.
2. Sur le modèle de la bande dessinée ci-dessus, faites un portrait des Allemands.

1 les Gaulois *m. pl.*: Gallier (Vorfahren der Franzosen)

Le traité sur la coopération franco-allemande – le Traité de l'Élysée

Le *Traité de l'Élysée*, signé le 22 janvier 1963 entre la France et la République fédérale d'Allemagne par le général de Gaulle et le chancelier Adenauer, a scellé[1] la réconciliation[2] entre nos deux nations et posé les fondements d'une paix durable en Europe.   5

C'est de cette volonté de rapprochement[3] franco-allemand qu'est née la Communauté économique européenne, depuis la déclaration Schuman-Adenauer du 9 mai 1950 en passant par la constitution de la CECA (Communauté européenne du charbon et de l'acier) et la création du marché   10
commun en 1957. [...]

[Le Traité de l'Élysée] a fixé les grands objectifs de la coopération franco-allemande et défini les règles institutionnelles de leur mise en œuvre[4]. Il repose sur deux dispositions maîtresses: 15

• un calendrier contraignant[5] de rencontres régulières à tous les niveaux (chefs d'État et de gouvernement, ministres, hauts fonctionnaires[6]), destiné à susciter[7] un réflexe de coopération ;

• un champ de coopération concentré sur trois domaines :   20
les affaires étrangères, la défense, l'éducation et la jeunesse.

[...] Le Traité de l'Élysée a permis de mettre en œuvre la réconciliation historique de la France et de l'Allemagne en

1   sceller: besiegeln
2   la réconciliation: Versöhnung
3   le rapprochement: Annäherung
4   la mise en œuvre: Umsetzung
5   contraindre: zwingen, festlegen
6   le fonctionnaire: Beamter
7   susciter: hervorrufen

tissant[1] des liens entre les jeunesses des deux pays et en développant le sentiment du caractère nécessaire et privilégié de la relation franco-allemande. Il constitue une référence symbolique incontournable[2].

www.botschaft-frankreich.de/spip.php?article302 (1963)

Sujets d'étude

Dégagez les objectifs du Traité de l'Élysée en relevant les idées principales du texte.

---

1   tisser: weben
2   incontournable *m./f. adj.*: unumgänglich

Extrait du traité (Éducation et Jeunesse)

1. Dans le domaine de l'éducation, l'effort portera principalement sur les points suivants :
   a) Enseignement des langues : Les deux Gouvernements reconnaissent l'importance essentielle que revêt[1] pour la coopération franco-allemande la connaissance dans chacun des deux pays de la langue de l'autre. Ils s'efforceront, à cette fin, de prendre des mesures concrètes en vue d'accroître[2] le nombre des élèves allemands apprenant la langue française et celui des élèves français apprenant la langue allemande. [...] Dans tous les établissements d'enseignement supérieur, il conviendra[3] d'organiser un enseignement pratique de la langue française en Allemagne et de la langue allemande en France, qui sera ouvert à tous les étudiants. [...]
2. Toutes les possibilités seront offertes aux jeunes des deux pays pour resserrer[4] les liens qui les unissent et pour renforcer leur compréhension mutuelle. Les échanges collectifs seront en particulier multipliés. [...]

www.botschaft-frankreich.de/IMG/elysee63.pdf (06/01/2003)

Sujets d'étude

Expliquez pourquoi de nombreux échanges scolaires ont été établis suite au Traité de l'Élysée.

---

1 revêtir: avoir
2 accroître: rendre plus grand
3 il convient de faire: il faut faire
4 resserrer: festigen

Charles de Gaulle – Discours à la jeunesse allemande
Château de Ludwigsburg, 9 septembre 1962
Traduction du discours prononcé en allemand

Quant à vous, je vous félicite ! Je vous félicite, d'abord, d'être jeunes. Il n'est que de voir cette flamme dans vos yeux, d'entendre la vigueur[1] de vos témoignages, de discerner[2] ce que chacun de vous recèle[3] d'ardeur[4]
5 personnelle et ce que votre ensemble représente d'essor[5] collectif, pour savoir que, devant votre élan, la vie n'a qu'à bien se tenir et que l'avenir est à vous. Je vous félicite, ensuite, d'être de jeunes Allemands, c'est-à-dire les enfants d'un grand peuple.
10 Oui ! D'un grand peuple ! qui parfois, au cours de son Histoire, a commis de grandes fautes et causé de grands malheurs condamnables et condamnés. Mais qui, d'autre part, répandit[6] de par le monde des vagues fécondes[7] de pensée, de science, d'art, de philosophie, enrichit l'univers
15 des produits innombrables de son invention, de sa technique et de son travail, déploya[8] dans les couvres[9] de la paix et dans les épreuves[10] de la guerre des trésors de courage, de discipline, d'organisation. Sachez que le peuple français n'hésite pas à le reconnaître, lui qui sait ce que c'est
20 qu'entreprendre, faire effort, donner et souffrir. Je vous félicite enfin d'être des jeunes de ce temps. Au moment

---

1 la vigueur: l'énergie *f.*
2 discerner: *ici* voir
3 receler: bergen, enthalten
4 l'ardeur *f.*: Leidenschaft, Begeisterung
5 l'essor *m.*: Aufschwung
6 répandre: verbreiten
7 fécond/e *adj.*: fruchtbar, produktiv
8 déployer: an den Tag legen, zeigen
9 les couvres *m. pl.*: Bedeckung, Schutz
10 l'épreuve *f.*: le moment difficile

même où débute votre activité, notre espèce commence une vie nouvelle. [...]

Il s'agit de savoir si, à mesure de la transformation du siècle, l'homme deviendra, ou non, un esclave dans la collectivité, s'il sera réduit, ou non, à l'état de rouage[1] engrené[2] à tout instant par une immense termitière[3] ou si, au contraire, il voudra et saura maîtriser[4] et utiliser les progrès de l'ordre matériel pour devenir plus libre, plus digne et meilleur. Voilà la grande querelle de l'univers, celle qui le divise en deux camps, celle qui exige de peuples comme l'Allemagne et comme la France qu'ils pratiquent leur idéal, qu'ils le soutiennent par leur politique et, s'il le fallait, qu'ils le défendent et le fassent vaincre en combattant ! Eh bien ! cette solidarité désormais toute naturelle il nous faut certes, l'organiser. C'est là la tâche des Gouvernements. Mais il nous faut aussi la faire vivre et ce doit être avant tout l'œuvre de la jeunesse. Tandis qu'entre les deux États la coopération économique, politique, culturelle, ira en se développant, puissiez-vous pour votre part, puissent les jeunes Français pour la leur, faire en sorte que tous les milieux de chez vous et de chez nous se rapprochent toujours davantage, se connaissent mieux, se lient plus étroitement ! L'avenir de nos deux pays, la base sur laquelle peut et doit se construire l'union de l'Europe, le plus solide atout[5] de la liberté du monde, c'est l'estime, la confiance, l'amitié mutuelles du peuple français et du peuple allemand.

www.charles-de-gaulle.org (9/09/1962)

---

1   le rouage: Maschinerie
2   engrené/e *adj.*: verzahnt, verbunden
3   la termitière: Ameisenhügel
4   maîtriser: beherrschen
5   l'atout *m.*: Trumpf

Sujets d'étude

1. Exposez les attributs négatifs et positifs liés au peuple allemand mentionnés par de Gaulle dans son discours.
2. Précisez en quoi consistent les deux visions différentes de l'avenir de l'homme exposées par de Gaulle.
3. Expliquez le rôle important que de Gaulle attribue à la jeunesse pour réaliser un avenir positif.

Quarante ans après de Gaulle

Les jeunes de cette petite ville où le Général prononça son fameux discours sur la réconciliation, prélude[1] au Traité de l'Élysée, boudent[2] l'Histoire mais mettent en pratique l'amitié franco-allemande.

Oui, Charles de Gaulle, bien sûr, ils connaissent, les jeunes 5
élèves du Goethe Gymnasium de Ludwigsburg, lycée de
cette charmante cité au nord de Stuttgart. Mais ce qu'était
venu faire dans leur ville le président français le 9
septembre 1962, ça, ils l'ignorent totalement. Même Alice,
17 ans, ou Damaris, 18 ans, deux copines rieuses[3] et vives, 10
ou encore Martin, 18 ans, un garçon à l'air sage et sérieux.
Tous étudient notre langue et la parlent si bien qu'ils
rendent bienheureux leur professeur, Herr Hedinger. De
bons élèves, donc, mais qui ne savent pas encore que c'est
dans la cour du château de Ludwigsburg que de Gaulle a 15
prononcé un célèbre discours à la jeunesse allemande qui a
marqué les esprits de toute une génération outre-Rhin[4]. Cet
événement, hautement symbolique de la réconciliation
entre les anciens ennemis, fut le prélude au Traité de
l'Élysée, traité d'«amitié» entre la France et l'Allemagne, 20
signé le 22 janvier 1963 par le président français et le
chancelier Konrad Adenauer, et dont on célèbre donc le 40e
anniversaire.
  L'auraient-ils écouté, ce discours, nos élèves
d'aujourd'hui, qu'ils n'y auraient sans doute pas compris 25
grand-chose, tant il ne les concerne plus. «Entre nous, on
ne parle pas tellement de la guerre», dit Damaris. «Il ne
faut pas l'oublier, c'est vrai, ajoute Laura, 18 ans. Mais en

1   le prélude: Vorspiel, Auftakt
2   bouder qc: etw. unbeachtet lassen, einer Sache fernbleiben
3   rieur/-euse *adj.*: joyeux/-euse *adj.*
4   outre-Rhin: *ici* allemand/e *adj.*

même temps, bon, ce n'est pas notre faute, nous n'étions pas nés.» Quand de Gaulle s'adressa, en allemand, aux jeunes gens de Ludwigsburg, il leur dit ceci: «Je vous félicite d'être de jeunes Allemands, c'est-à-dire les enfants
5 d'un grand peuple qui parfois, au cours de son histoire, a commis de grandes fautes et causé de grands malheurs condamnables et condamnés. Mais aussi un peuple qui répandit de par le monde des vagues fécondes de pensée, de science, d'art, de philosophie, enrichit l'univers des
10 produits innombrables de son invention, de sa technique et de son travail, déploya dans les œuvres de la paix et dans les épreuves de la guerre des trésors de courage, de discipline et d'organisation.»

Ce rappel de la grandeur allemande eut un écho
15 extraordinaire. Cela a changé la vie d'Hannelore Braun, par exemple, qui n'avait que 16 ans quand elle se retrouva dans la cour du château à écouter le président français. Elle se souvient d'une foule en liesse[1], agitant des drapeaux. «Quand de Gaulle est venu ici, dit-elle, les doutes étaient
20 toujours là à l'égard des Allemands. Nous étions ceux qui avaient causé la guerre. Pour que vraiment Allemands et Français deviennent amis, je me suis investie dans les relations humaines entre nos deux nations.» Elle travaille à l'Institut franco-allemand de Ludwigsburg et organise les
25 séjours, en France ou en Allemagne, dans des familles d'accueil, de quelque 2 800 étudiants. «Il nous faut, dit-elle, progresser à petits pas.» L'Allemagne, en 1962, restait toujours, selon l'expression consacrée[2], un «nain[3] politique» à l'économie «miraculée[4]». Son peuple, militairement
30 vaincu, moralement condamné, était de surcroît[5] divisé (le

---

1   une foule en liesse *f.*: laut jubelnde Menge
2   consacré/e *adj.*: *hier* allgemein üblich
3   le nain: Zwerg
4   miraculé/e *adj.*: durch ein Wunder geheilt
5   de surcroît: *loc.* überdies, obendrein

mur de Berlin avait à peine un an). De Gaulle lui offrit alors, par ses propos, la marque formelle de son absolution morale.

«L'identification de nos défis[1] communs»

Les lycéens d'aujourd'hui, ceux du Goethe Gymnasium, les «enfants du grand peuple qui enrichit l'univers», n'attendent ni réconciliation ni félicitations, mais sont tout à fait prêts pour l'amitié. L'Allemagne dans laquelle ils vivent n'a rien d'exceptionnel et la France n'est ni aimée ni détestée. Elle est vaguement intéressante, puisqu'ils en apprennent la langue, mais ils la connaissent peu. Ont-ils lu récemment des livres français? Long silence. Laura, finalement, dit oui, Le Petit Prince. «Bien sûr!» entonnent ses camarades. Ils connaissent certaines de nos vedettes[2], comme Gérard Depardieu, mais non, ils ne savent pas qui est Johnny Hallyday. La plupart d'entre eux ont fait un voyage d'études à Strasbourg. De notre pays, ils ne pensent pas grand-chose, sinon que les lycéens alsaciens qui les ont accueillis sont devenus des amis et que, par ailleurs, les clichés sont justes. «Je crois, lance Martin, que vous, les Français, vous n'êtes pas aussi sérieux que nous.» Éclat de rire général. Le jeune garçon, craignant[3] d'avoir été mal compris, précise sa pensée: «Je voulais dire que c'est très bien, de ne pas être aussi sérieux que nous!»

Comme les lycéens du Goethe Gymnasium, Wolfram Vogel est parti un jour dans une famille française perfectionner la pratique de notre langue. Enfant de Biberach, une petite ville du sud du Bade-Wurtemberg, ce fut à Valence, dans la Drôme[4], qu'il alla, en raison du

5

10

15

20

25

---

1   le défi: Herausforderung
2   la vedette: la star
3   craindre: fürchten
4   la Drôme: département dans le sud de la France

jumelage[1] des deux cités. Ce qui devait arriver arriva: il tomba amoureux de la sœur de son correspondant français et, depuis, il a consacré son temps, et ses talents, aux relations entre la France et l'Allemagne. À 32 ans, ce
5 chercheur[2] travaille lui aussi à l'Institut franco-allemand de Ludwigsburg. Le discours de De Gaulle était «visionnaire», dit-il. Il nous faudrait aujourd'hui définir une nouvelle «vision de l'avenir» au sein[3] d'une Europe élargie. «Nos cultures et nos mentalités, qui se sont développées au cours
10 de l'Histoire, restent trop éloignées les unes des autres. Le nouveau défi, c'est une nouvelle compréhension de nos différences.»

Mais le volontarisme[4] est l'affaire de la politique, et non des sentiments. Vogel voit dans nos relations quelque chose
15 qui ressemble plus à un «partenariat[5]» fondé sur la «convergence[6] des intérêts communs» qu'à une véritable amitié. «Il ne s'agit plus aujourd'hui de réconciliation, mais de l'identification de nos défis communs», dit-il. Et le principal d'entre eux, si l'on en croit le jeune Martin, serait
20 que les peuples, et non les États, deviennent de vrais amis. Il dit comprendre les peurs du passé à cause de l'Histoire. «C'est cela, la tâche de notre génération: bâtir, non pas avec la France mais avec les Français, une véritable relation amicale.»

www.lexpress.fr/actualite/monde/europe/quarante-ans-apres-de-gaulle_497134.html (16/01/2003)

---

1 le jumelage: (Städte)partnerschaft
2 le chercheur: Forscher
3 au sein de: innerhalb von
4 le volontarisme: Voluntarismus (Auffassung, den Gang der Ereignisse durch den Willen beeinflussen zu können)
5 le partenariat: Zusammenarbeit, Partnerschaft
6 la convergence: Übereinstimmung

Sujets d'étude

1. Divisez l'article en plusieurs parties et donnez un titre à chacune d'elles. Après avoir souligné les mots-clés de chaque partie, écrivez un résumé structuré de l'article.
2. Analysez dans quelle mesure la position des lycéens du Goethe Gymnasium au sujet des relations franco-allemandes diffère de celle de la génération précédente.
3. Selon l'avis de Wolfram Vogel, il faut «définir une nouvelle vision de l'avenir» du couple franco-allemand dans une Europe élargie. Dégagez les idées de cette nouvelle vision.
4. Partagez-vous la position des lycéens du Goethe Gymnasium et de Wolfram Vogel? Justifiez votre réponse.

Sondage[1]: Les relations franco-allemandes 40 ans après la signature du Traité de 1963

1. Le partenaire privilégié au sein de l'Union Européenne

Question aux Français :
Quel doit être, selon vous, le principal pays avec lequel la France doit avoir des relations privilégiées au sein de l'Union européenne dans les années qui viennent ?

	Français %
Allemagne	57
Grande Bretagne	8
Espagne	3
Belgique	1
Italie	1
Autres pays	2
Ne se prononce pas	28
	100

Question aux Allemands :
Quel doit être, selon vous, le principal pays avec lequel l'Allemagne doit avoir des relations privilégiées au sein de l'Union européenne dans les années qui viennent ?

	Allemands %
France	58
Grande Bretagne	6
Autriche	5
Italie	5
Espagne	3
Pays-Bas	2
Suède	2
Danemark	1
Autres pays	7
Ne se prononce pas	11
	100

1 Ipsos a réalisé cette enquête par téléphone, auprès de 959 personnes, constituant un échantillon national représentatif de la population française âgée de 18 ans et plus et de 941 personnes, constituant un échantillon national représentatif de la population allemande âgée de 18 ans et plus. Les interviews ont été réalisées pour Arte et Le Figaro, les 10 et 11 janvier 2003 en France et du 8 au 14 janvier 2003 en Allemagne.

2. Les qualificatifs[1] qui expriment le mieux les relations franco-allemandes

Question : Quels sont, selon vous, parmi les suivants, les deux qualificatifs qui expriment le mieux les relations entre la France et l'Allemagne aujourd'hui ?

	Français %	Allemands %
Partenariat	57	52
Confiance	35	22
Amitié	34	48
Solidarité	27	31
S/T au moins un qualificatif positif	**86**	**89**
Méfiance	17	18
Rivalité	7	7
Rancune[2]	6	2
Incompréhension	5	4
S/T au moins un qualificatif négatif	**26**	**26**
Indifférence	5	5
Ne se prononce pas	3	1
	(1)	**(1)**

(1) Total supérieur à 100, plusieurs réponses possibles

3. L'utilité principale des relations franco-allemandes

Question : Selon vous, de bonnes relations entre la France et l'Allemagne sont avant tout nécessaires pour…

	Français %	Allemands %
Assurer l'équilibre, au sein de l'Union Européenne, entre les pays du nord et du sud de l'Europe	37	21
Faire efficacement contrepoids aux Etats-Unis sur le plan économique et diplomatique	33	32
Prévenir des conflits et garantir la paix en Europe	22	45
Ne se prononce pas	8	2
	100	**100**

1 le qualificatif: Bezeichnung
2 la rancune: Groll

4. Les moyens de renforcer les liens entre la France et l'Allemagne

Question : Pour véritablement renforcer les liens entre la France et l'Allemagne, quelle solution parmi les suivantes doit-elle être privilégiée ?

	Français %	Allemands %
Développer des programmes communs de recherche (hautes technologies, recherche médicale)	30	22
Favoriser les rapprochements entre les entreprises françaises et allemandes	26	30
Renforcer les échanges entre les deux populations (échanges d'étudiants, jumelages de villes,…)	25	28
Renforcer la coopération militaire en mettant en commun une partie des moyens militaires de chaque pays	8	3
Favoriser l'enseignement de l'allemand en France et du français en Allemagne	8	16
Ne se prononce pas	3	1
	100	100

www.ipsos.fr/ipsos-public-affairs/sondages/relations-franco-allemandes-40-ans-apres-signature-traite-1963

Sujets d'étude

1. Travaillez en groupe. Chaque membre du groupe prépare une partie du sondage et la présente aux autres membres du groupe.
2. Sur la base du sondage, résumez en groupe la valeur des relations franco-allemandes pour les Allemands et les Français.

L'école en France

1. Le système éducatif

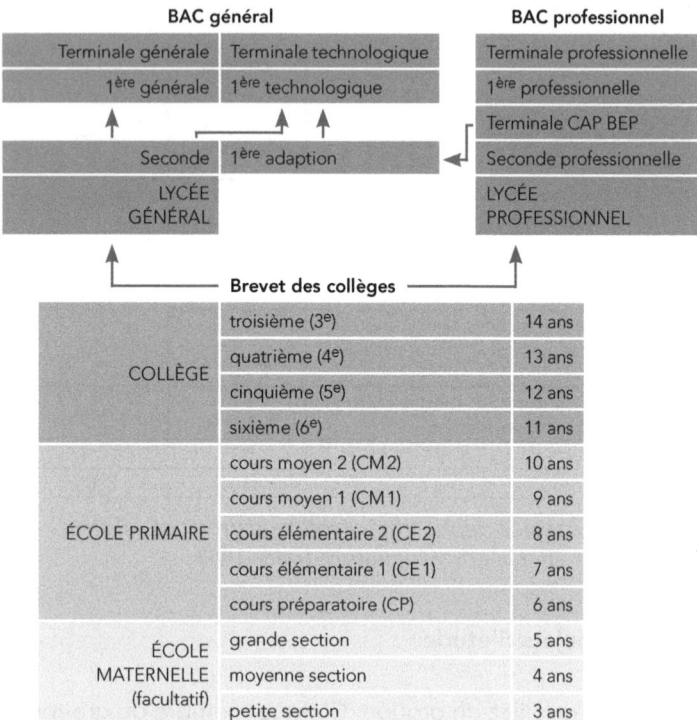

BAC général		BAC professionnel
Terminale générale	Terminale technologique	Terminale professionnelle
1ère générale	1ère technologique	1ère professionnelle
		Terminale CAP BEP
Seconde	1ère adaption	Seconde professionnelle
LYCÉE GÉNÉRAL		LYCÉE PROFESSIONNEL

Brevet des collèges

COLLÈGE	troisième (3e)	14 ans
	quatrième (4e)	13 ans
	cinquième (5e)	12 ans
	sixième (6e)	11 ans
ÉCOLE PRIMAIRE	cours moyen 2 (CM 2)	10 ans
	cours moyen 1 (CM 1)	9 ans
	cours élémentaire 2 (CE 2)	8 ans
	cours élémentaire 1 (CE 1)	7 ans
	cours préparatoire (CP)	6 ans
ÉCOLE MATERNELLE (facultatif)	grande section	5 ans
	moyenne section	4 ans
	petite section	3 ans

2. L'emploi du temps d'un élève en troisième

	lundi	mardi	mercredi	jeudi	vendredi
8h00	espagnol	vie de classe	latin	français	français
9h00	mathé-matiques	physique – chimie	français	physique – chimie	anglais
10h00	technologie	mathé-matiques		histoire & géographie	sport
11h00		latin	arts plastiques	latin	
12h00					
13h30	sport	sciences vie & terre		histoire & géographie	mathé-matiques
14h30				éducation musicale	histoire & géographie
15h30	français	anglais		espagnol	espagnol
16h30	anglais			mathé-matiques	

Sujets d'étude

1. Expliquez le système scolaire en France en vous aidant des deux documents ci-dessus.

2. Travaillez à deux sur l'emploi du temps présenté ci-dessus et écrivez un dialogue (→ voir Sujet d'étude B1, p. 65).

Roland Fuentès est né en 1971 à Oran en Algérie. Il passe son enfance en Algérie et sa jeunesse dans le Sud de la France. Il fait des études d'allemand à Aix-en-Provence et depuis 1998, il enseigne l'allemand à mi-temps pour avoir le temps d'écrire. Il est scénariste de bandes dessinées et écrit des nouvelles et des romans, d'abord pour adultes. En 2007, il publie son premier roman jeunesse *L'Échange*. Ce roman est inspiré de ses expériences personnelles en tant qu'élève et en tant que professeur d'allemand. D'autres romans jeunesse sont *Charlepogne et Poilenfrac* (2007), *Tonton zéro* (2008),  *Un amour sur mesure* (2008), *Les Voleurs de vent* (2008), *Le Tonneau volant* (2009), *L'Arbre à chatouilles* (2009), *Un écrivain à la maison* (2010), *Le Bureau des mots perdus* (2010).